開始自豪，當老師

王淑俐　著

五南圖書出版公司 印行

獻給　偉大的教育家
賈馥茗先生

·作者與賈馥茗師合影

　　美國著名之哲學兼歷史學家威爾‧杜蘭特（Will Durant, 1885-1981）曾道：「教育是持續地覺察我們本身無知的一個認知過程（Education is a progressive discovery of our own ignorance）。」在接受教育時，除了環境及自身的努力，常常與施教者的用心與否，有深切之影響。處於如此劇烈之時代進步與變遷中，教育經營者能不深切省思所應負擔之責任嗎？淑俐教授就是那位永遠自省、深思的覺察者，提供最富人性及關懷的建議；百思其變、身體力行，兼具教育學術專業及人文精神關照！

　　嚴長壽先生所著之新書《教育應該不一樣》（天下文化，2011）中認為：「教育必須是為青年人照亮未來的探照燈，而非重複過去的後照鏡。教育不應是倒滿一壺水，而是點亮一根蠟燭。」淑俐教授也是那位永遠充滿愛心的蠟燭點燃者，與她一起研究歌唱時，受到感動及指引的經常是我。探照燈也好，後照鏡也罷，不管是倒滿或點亮，無論如何，讓學生、家長及老師共同為教育努力吧！各司其職地完成這神聖的良心事業！

國立臺北教育大學師資培育暨就業輔導中心主任

袁尚芬

　　王淑俐博士《開始自豪，當老師》，真是好啊！

　　以個人服務國中校園29年的經歷看來，本書精湛之處，在於王教授深諳「教育原理」本質，方能針對教育場域，耐心對照現場實例，深入闡述——如何為教育解套；揉合古今中外哲思雋語，不諱時弊，儼然化身新版「教育社會學」；字句明確清新，提供教育問題解決之方，作法務本踏實，若能開卷一讀，必能獲得現代「教材教法」之心法；本書同時點化師長，體現「教育心理學」之妙，終能鎔鑄多元智慧，贏得自我實現與社會的尊重；綜言之，書中以積極「興利」之實作與建議，勝於防弊之用心，較之當代眾多著述，多偏向學理，或陳述教育困境，實卓然超越！

　　《開始自豪，當老師》非僅提供見聞與反思，書中提供策略及執行方式，堪稱當代可貴的「教育know-how」，尤其每章具體而微的說明，甚至可行為教育工作坊之指導手冊；另外王教授於當中反身而誠的探討自己教學處遇，面對教學問題，其「上善若水」的安時處順，都足供當職者借鑑；對於教師所擁有之管教權威，不張狂、不自誇之作法，在在能感召學生悅服，亦能勸誡及安慰現場之失意教師。

　　王教授對教育工作之熱愛，不減當年曾為教育系所學生、擔任師資培育中心主任之時，現今周遊各校，所見所思，仍投入更多心血，以洗鍊的文筆，寫出老練的觀瞻，著實令人感佩，倘非其貞定教育價值，戮力實踐教育理想，誰願「獨向高樓撞曉鐘」？《聖經·羅馬書》12章8節說：

「或作勸化的、就當專一勸化。施捨的、就當誠實。治理的、就當殷勤。憐憫人的、就當甘心。」也正是這樣的寫照!

王教授不負賈馥茗教授之親炙,誠中形外,文如其人,觀其著述,有助於省察自我,增益內化,為人師長,處於繁忙的工作之際,或鮮能研閱大部頭之教育原典,個人認為細品本書,定能提供知識、深化學識、養成器識!

私立南榮國中董事會執行長

陳純適[1]

---

[1] 陳純適博士,曾任屏東縣私立南榮國中校長19年,服務教育界29年,曾獲全國私校弘道獎、教育部教學卓越獎、屏東縣十大愛心教師、全國輔導績優人員、亞太女童軍傑出領導獎。

　　現代老師難為，目前的學生比起過去，不但價值多元、資訊無比發達，且以個人權益為重。他們不太接受過去的標準，過去認為應該的，今日都變成不應該；過去認為應尊師重道，今日則認為必須符合法律規範。要獲得學生的認同，讓他願意尊重你，他才會尊師，否則根本不理你。在這種狀況下，老師們覺得越來越不受重視、動輒得咎，不知該如何作為才是恰當。尤其大學生還要給教授打教學評量成績，更讓若干老師覺得受辱，頗有江河日下、師道淪喪之嘆，甚至有老師覺得自己被學生「霸凌」。在此狀況之下，要老師對教職引以「自豪」，似乎是遙不可及。

　　有鑑於此，內人王淑俐教授本著當老師的初衷，就是要傳承師道，讓老師成為學生的指引者與生命激發者，如此才能讓師生都獲益。並且效法過去我們所敬愛的典範——賈馥茗教授，對教育的執著和熱愛，充分顯現出對教育的深切期許。

　　時代畢竟不同了，面對新世代的學生，老師必須調整觀念和做法，如書中所言，要贏得社會尊重，不能如過去般視為理所當然，而要以更專業的教育理念與作為，贏得學生與家長的敬重。面對教學挑戰時，更要透過教學EQ、正向管教、教育溝通、親師溝通、因材施教等作為，致力實行，最後一定能成為一位享受教學、引以自豪的老師。

　　我的家族幾乎都在當老師，我的父親於國中擔任英文老師至65歲退休，大哥、大嫂自行開道館擔任空手道教練，

也是廣義的老師。我目前在科技大學任教並兼學務長，弟弟及弟妹也都是大學教授。一直以來我們都不以為苦，反而頗以此為傲。當老師真的不是一種職業，而是一種終身志業，必須全心奉獻、不求回報。當某天在某一場合碰到過去教過的學生，或他回來看望您時說：「都是因為您，我才有今日的成就。」或「因為您的某一句話讓我改變，才有今日的發展。」這就是當老師最大的快樂。

在我擔任師培中心的老師時，面試報考師培課程的同學，我都會問他們：「您為什麼想當老師？」如果他們回答：「因為當老師比較輕鬆，待遇也不錯，工作穩定，有固定的上下班時間，還有寒暑假可放。」這時我都會告訴他們，您真正當老師時，恐怕會無比失望，因為當老師絕不如您想像的那般輕鬆，老師根本沒有「下班」時間，學生或家長有問題時，隨時都得找您。如果您以工作角度來看待老師，那會感覺痛苦，不可能感到驕傲。只有您立志要當老師，才會欣然願意為學生付出心力，而為自己的工作真正感到驕傲。就如本書所言：「當您開始引以自豪，才有資格當一位現代的理想老師。」

中華科技大學通識中心副教授兼學務長

胡興梅

2011年6月6日

　　認識淑俐老師已近10年光陰，因為參加臺北市教師研習中心教學輔導教師儲訓，而有了第一次上淑俐老師「人際關係與溝通」課程的機會，受到課程的啟發從此讓自己對教師生涯產生了新的想法和方向，之後又因為參加促進教師專業發展的「人際關係與溝通」課程研發，以及教師專業發展評鑑的講師培訓課程，在淑俐老師的指導下，更開始了自己一連串的學習和蛻變的旅程，這幾年透過不斷地練習與運用淑俐老師課程中的觀念和方法，讓我的教學與輔導工作真可謂越來越得心應手。

　　過去我擔任過國小低中高年級導師24年，發現從初任老師的手忙腳亂，要慢慢進入到勝任教師工作，進而累積經驗成為專業老師，是一段漫長而茫然的摸索過程，尤其是時代不斷變遷，許多專業又敬業的老師常因不諳如何與學生對話，不熟悉親師溝通的技巧，以至於班級經營不善鬱鬱寡歡，無法成為樂業的老師。因此初任教的新手老師很需要有經驗的前輩，提供寶貴的班級經營與人際互動的錦囊，以縮短教學生涯的摸索期，今欣見淑俐老師將自己累積多年的教育經驗撰寫成書，以激發老師重新思考「如何當老師」、「喜歡當老師」、「自豪當老師」，真是造福教育界的後進良多啊！

　　書中舉出許多實例，有許多良師典範的介紹，告訴我們如何省思自己的教學盲點，如何保持積極正向的教育熱情，以成為專業的現代良師；雖然現今的教學挑戰讓老師炯很

大，但淑俐老師教我們發揮教學EQ，學習如何教不厭、誨不倦。她教我們透過與學生的「課前協議書」設計與分析，以及師生定期對話、餐敘等方式，不但促進學生的學習動力，更讓老師無壓力教學又有效率。淑俐老師對於在教育溝通上除了提醒老師要慎言、立言外，更要注意說話藝術、表達能力的專業度與精緻度，因為師生間的信任感與情誼，往往在良好溝通中建立，因此從服裝儀容、肢體動作、眼神表情等細節巨細靡遺一一指導，還特別提供聲帶保護的密訣，真是傾囊相授啊！而在親師溝通篇中，則由了解家長的教育觀念著手，學習如何與家長團隊合作，在每一個小子題皆有實例分析與說明，最後再回到教育的本質「因材施教」，期許自己要讓每個孩子都能幸福，以「布施」的概念享受教學，願意下輩子還要當老師。

　　這本《開始自豪，當老師》不但理論與實務兼具，淑俐老師更從自己如何從自己的恩師賈馥茗教授身上，所學習到的言教、身教在字裡行間表露無遺，並且將它化為實際行動，轉為運用在輔導自己的學生上，書中除了展現POWER教師獎所讚揚的生命力、創造力、影響力，更印證了「教育無他、唯愛與榜樣」！由衷感謝淑俐老師給我機會先睹為快，讓我對教育的信心與熱情更加堅定，相信此書必能激勵更多老師願意奉獻教育工作，尤其書中許多實例從國中小至高中職、大學都有，這是一本值得所有教師參考的教育寶典！

臺北市民生國小輔導主任

鄧美珠

　　從臺灣師範大學畢業至今，我的教職生涯已經滿30年了。教過形形色色、不同世代的學生，有國中生、國中補校生、大學生、碩博士生、各大學進修部及空中大學之成年學生，以及各種研習所的各類從業人員。單單大學部分，我就教過10所以上，如：文大、世新、實踐、政大、臺師大、臺科大、北科大、臺北商業技術學院、林口體育學院、臺北教育大學、臺北市立教育大學等。

　　如同氣候變遷一樣，當老師最大的震撼，也來自教育的「極端氣候」，以及異常氣候的日趨「常態化」。與「炎夏」與「酷寒」相類似，現代學生上課的「不敬業」，如眾多老師的感慨：蹺課、遲到、吃便當、睡覺、接收機、玩線上遊戲⋯⋯，也日漸嚴重及普遍。影響所及不僅是老師無法上課，更如同氣象專家所擔憂的，下一代該怎麼生存下去（缺乏競爭力）？

　　幸好，中華文化「物極必反」的樂觀思考，相信時代有可能再「擺盪」回來。為了避免地球暖化，愈來愈多人開始「反璞歸真」，過起從前「天人合一」、貼近大自然的生活。教育也是，在高中及大學普設，致使大家愈來愈不珍惜受教機會，造成「教育貶值」、「高學歷、高失業率」的惡果之後，許多學生及家長開始「腳踏實地」，不再盲目追逐「踩在雲端上」的明星學校。當然，還是有「虎媽」這類型家長，堅決相信「好學歷等於好工作」、「好工作等於快樂」⋯⋯。然而有更多的人想要「喚醒」大家，如：

考試的滿級分，不等於人生的滿級分。（王文華）

進入社會，面臨的將是「無綱無本」，且無預警、隨時抽考的競爭。（劉炯朗）

沒有高學歷，也能找到自己的自信與天賦，開創自己的一片天。（嚴長壽）

總覺得我的生命之所以有意義，是因為我一直在幫助不幸的孩子。（李家同）

所以，我也要加入「喚醒人」的行列，告訴學生及家長：

功課好、聯考分數高的人「不要傲慢」，人生不會一帆風順，還有許多需要虛心學習、比分數更重要的事物。

功課不好、聯考分數低的人「不要放棄」，逆風更適合飛翔，自己還有許多獨樹一格的天份或有待開發的潛能。

當然，這本書最想要做的是，與所有想當「喚醒人」的老師共勉：

一想到學生，就讓我快樂，因為他們小小的年紀，卻有大大的志氣。

一想到學生，就讓我努力，因為他們未來的路上，還需要許多裝備。

一想到學生，就讓我警覺，因為他們面無表情之下，卻壓抑著大大的吶喊。

一想到學生，就讓我勇敢，因為他們不知天高地厚，需要我們當頭棒喝。

一想到學生，就讓我……

總之，老師該做、要做、能做的事太多啦！當老師，絕對是件能令人自豪的美事。我要效法賈恩師馥茗先生，下輩子還要當老師！

願自己永保赤子熱忱的

淑俐老師

2011年6月6日

目次

第一篇　贏得社會的尊重　001
　　——讓老師「夠」專業
　　1. 這樣的要求，算不算太高？　003
　　2. 永不淘汰的「教育愛」　009
　　3. 學如逆水行舟，教呢？　016

第二篇　教學挑戰　021
　　——老師不悶、不怕、不退
　　1. 盡全力，好好教　023
　　2. 找到自己的「教學盲點」　027
　　3. 學生觀點的「優質教學」　033
　　4. 學生愈來愈難教嗎？　039

第三篇　教學EQ　045
　　——教不厭，誨不倦
　　1. 怎樣教書不生氣？　047
　　2. 堅持教育理想　052
　　3. 累了、倦了，那不會是我！　058
　　4. 挽救教學挫敗　064

第四篇　正向管教　069
　　——壓力適度的教學與輔導
　　1. 積極正向的教育　071
　　2. 「正向輔導與管教」的法律基礎　077
　　3. 窮則變，變則通　084

第五篇　教育溝通　091
　　——老師的慎言與立言
　　1. 教學表達更精彩　093
　　2. 培養師生的信任感與情誼　100
　　3. 師生溝通的盲點　106
　　4. 教師說話的智慧　111

第六篇　親師溝通　115
　　——老師與家長的「團隊合作」
　　1. 親師如何建立「共識」？　117
　　2. 學生段考20分，如何與家長溝通？　121
　　3. 如果家長來「踢館」　129
　　4. 親師合作的成功法則　135

第七篇　因材施教　139
　　——讓每個孩子都有尊嚴
　　1. 鐵杵磨成繡花針　141
　　2. 打造學生的幸福學堂　144
　　3. 如何面對「特別的學生」？　148
　　4. 為了學生而學習、成長及改變　152

第八篇　享受教學　159
　　——我下輩子還要當老師！
　　1. 立下「當老師」的志向　161
　　2. 教學是義務，更是享受　165
　　3. 教育如何回歸正途？　175

參考書目　181

第一篇

贏得社會的尊重

——讓老師「夠」專業

1 這樣的要求，算不算太高？

　　21世紀，該如何看待「尊師重道」？

　　朋友有個孩子讀小學，與導師若干次不愉快的互動經驗之後，不禁懷疑：「有些老師，只把教書當『職業』嗎？如果是，工作也太輕鬆了吧！小學老師下午四點就可以下班，還有那麼長的寒暑假。」朋友忍不住說：「這樣還喊累？真不知道為什麼？」在我國的文化傳統，對老師是尊敬的；所以朋友在批評老師之後，自己也感到矛盾。

　　有一天，他傳一篇新聞給我，有關中小學老師的工作負荷，再次印證了他的懷疑：不少老師視教育工作為上下班的「職業」，所以朋友說：「既然只是職業，以『人師』的標準來看待現代老師，這樣的要求，算不算太高？」

教育工作的新舊價值觀

　　那篇新聞說（薛荷玉、鄭語謙，2011），愈來愈多中小學老師不願意站導護、不給家長聯絡電話，也不肯指導學生參加競賽及社團活動。因此，全國校長協會建請教育部，明定老師的工時及工作內容，以免家長、老師因認知不同而衝突日增。過去，老師是「完全責任制」，現因教師法的規定，所以可拒絕「與教學無關之工作或活動」。

　　其實，老師也有不得已的苦衷，某些「怪獸家長」會在半夜或假日猛打電話，一講就是一、兩個小時。所以才不願意留電話給家長，「有事請來學校談」。老師也並非不肯協助學生上下學之交通導護，只要教育部訂好配套措施（例如與交通警察合作），應該會有老師願

意參與。至於老師不想指導學生社團或競賽活動，是因為活動或比賽常在週末舉辦；若改在上課時間，老師的配合意願會提高。

有位國小校長看了這則新聞，反駁說（陳招池，2011）：

> 凡是與學生有關的事情，都是老師應負的職責，課堂教學只是其中之一，故不能以影響教學來拒絕與學生有關的事情。……計較的老師總是有許多理由和藉口卸責，認真的老師只好默默承擔過多的業務。若學校成員多數是良師，根本沒有所謂工作規範的問題；反之，教育部訂再詳盡的工作守則，仍然會爭吵不休。……我提議多獎勵，讓良師的犧牲與付出，得到實質的重視。

這位校長的「重話」──「計較的老師總是有許多理由和藉口卸責，認真的老師只好默默承擔過多的業務」，可見教育工作「新舊價值觀」的衝突。老師依法可拒絕「非教學份內的工作」，但還是有老師堅持「愛學生如子」、「一日為師，終身為父」的傳統價值，願意為學生額外多付出。報載（賈寶楠，2010），桃園縣觀音鄉育仁國小黃煥勇與廖杏琪這對教師夫婦，在四年前成立「育仁行動圖書館」；每天黃昏時，夫妻倆就開著八萬元買的中古發財車，載著學校圖書館的500本書，到鄉內偏遠地方，吆喝老少來借書。夫妻倆帶著剛滿周歲的女兒收送書時，家長還笑稱他們是「宅急便」。四年來，家長比孩子借書踴躍，且借出去的書一本也沒少。

他們為什麼「願意」這麼耗時費力呢？黃煥勇說：「把車開到家門口，總該願意讀書了吧？」、「多讀一本書，也許多一個機會。」原來，育仁國小有四成弱勢家庭、七成家長是勞動階層，鄉立圖書館

又遠在五公里之外。所以黃老師才想要「把書香帶到偏鄉」，他的教育使命感及實際行動，真令人感佩！

2010年全國師鐸獎得主余素華老師，已任教新北市三重光榮國中二十多年了（1986年起）。十多年前，余老師與國中時的同學陳瑞珠（從事廣告業），共同湊足五百萬元（薪水、積蓄加上借貸），創立「耕心蓮苑教育基金會」，辦理「社區學校」、「社區圖書館」（免費為孩子課業輔導），及隨喜用餐的「社區廚房」（供應獨居老人、單親家長及孩子）。余老師每月薪水的三分之二用在耕心蓮苑上，房東看了感動，願意房租全免。余老師本不接受師鐸獎推薦，但得知可能有獎金或其他「實質」獎勵，可為耕心蓮苑增加收入，這才勉強答應。

而今網路便利、資訊發達，從前「問老師」才知道的事情，已被電腦取代，為什麼「老師」這一行仍然存在？什麼是電腦無法取代的？應該是「人情味」與「教育智慧」吧！學生及家長需要良師或人師，如福祿貝爾所說：「教育之道無他，唯愛與榜樣而已。」

古之「人師」

老師如何能稱為良師或人師？《禮記‧學記篇》指出，能了解教育成敗的原因（「既知教之所由興，又知教之所由廢」），就可以為人師。成功的教學，須掌握下列四個原則：

1.預：教學前有周密的思考及準備，設想到學生可能遭遇的困難，先提出解決的方法。這樣就能減少學習的挫折，增加教學的效果。（「禁於未發之謂預」）

2.時：發現學生有了學習興趣（需要、動機），立即適時的隨機

教學。（「當其可之謂時」）

3. 孫：循序漸進，按照「教材的難易順序」以及「學生的程度」來進行教學。（「不淩節而施之謂孫」）

4. 摩：不只「獨學」，還要觀摩其他同學更好的學習態度與方法。利用「團體動力」，使同學彼此提出意見、共同作業，才能避免自以為是、閉門造車。（「相觀而善之謂摩」）

而教學失敗（無效），因為下列六種狀況：

1. 發然後禁：學生已經感到學習困難了，老師才來想辦法；通常為時已晚，學生已聽不進去。（「發然後禁，則扞格而不勝」）

2. 時過：學生的學習動機已經沒有了，還要按照進度教學；不但學得很辛苦，也不會有任何成果。（「時過然後學，則勤苦而難成」）

3. 雜施：教學沒有章法及原則，學生跟著學得雜亂無章。（「雜施而不孫，則壞亂而不修」）

4. 獨學：只管自己學習，不與同學交流，所以孤陋寡聞。（「獨學而無友，則孤陋而寡聞」）

5. 燕朋：結交到不好的朋友，輕率的違背師長的教誨。（「燕朋逆其師」）

6. 燕僻：養成不好的習慣，因而荒廢學業。（「燕僻廢其學」）

「經師易遇，人師難遭」（《後漢紀‧靈帝紀》），所以遇見人師時，就要好好把握。漢靈帝時期的學者郭泰博學多才、為人正

直，深受人們愛戴（見《後漢書‧郭泰傳》）。後來也是知名學者的魏昭，在少年時遇見郭泰，感慨的說：「單純傳授知識的老師很多，能像郭泰這樣為人師表的，卻很難得。」於是請求郭泰答應他隨侍身旁，當一個打掃的傭人。

有一次郭泰生病了，叫魏昭煮粥給他吃，卻覺得魏昭的態度不夠恭敬，於是命魏昭重新煮粥。就這樣魏昭一連被郭泰呵斥了三次，但恭敬的神色始終未變，郭泰看了說：「我了解他的真心了。」（詳見《資治通鑑》）

今之「人師」

我很幸運能多次遇見「人師」，如國中時期的兩位導師。蔡明雪老師已為人母，深切體會我缺乏母愛的心情（父母離異，父親再娶）。除了給我「母愛」的補償外，還盡力協助我克服數學的學習障礙（蔡老師是數學老師），讓我從學業成就上找回快樂。而年輕、溫柔的喻健老師，則以基督徒的奉獻精神對我關懷入微（後來她成為牧師娘），大量補充我最渴盼的心靈養分。

就讀臺灣師範大學教育研究所時，我遇見了賈馥茗教授。她不僅指導我撰寫論文，當我產生家庭或工作上的困惑時，也向她請教。馥茗恩師的教育智慧及無私關懷，使我這「資質駑鈍」的學生也用心學習，希冀「勤能補拙」。其他學生也都被恩師的真誠感動，畢業多年仍與賈老師持續師生情。恩師在2008年5月7日，因肺腺癌往生。在賈老師的追思會上，我獻唱了兩首歌，表達對她無盡的感激。第一首是日籍歌手夏川里美的「淚光閃閃」改編的中文歌曲「陪我看日出」。下面這句歌詞，象徵「人師」對學生的牽引：

你牽著我，穿過了霧，叫我看希望就在黑夜的盡處。

另一首是已故歌手張雨生作詞作曲及演唱的「後知後覺」，下面這句歌詞，象徵「人師」為學生乾渴的心靈灑下甘露：

你給我安慰，我不致頹廢；你寬容慈悲，我能振翅高飛。

「人師」不居功、不求回報，而學生總是「後知後覺」，未能及時向老師言謝。如歌中所唱：

你功成身退，我不及言謝；你不告而別，我才後知後覺。

從前，我碰到再大的問題都不怕，因為理不出頭緒或快走進死胡同，還有賈老師這棵大樹可以依靠。無論多麼迷惘，賈老師總能為我指出一條康莊大道。所以，每次從老師的家出來，都覺得天特別寬、心特別暖、前途特別光明。這就是教育智慧與愛心，所照耀的光輝吧！

2 永不淘汰的「教育愛」

　　「教育愛」的實踐沒有一定的標準，每位老師都可依自己的體會及能力進行。下列方式是我從與馥茗恩師那兒仿效而得，提供老師們參考及轉化。

教育愛之一　利用課餘時間與學生互動

　　賈馥茗教授覺得，課後較能看到學生真實的一面，較有機會真正幫到學生。我以前寫論文時就常到馥茗恩師家中，畢業後一、兩個月也會去一次。每次總能從恩師的指點中，化解自己在家庭或工作上的困擾。因為十分「享受」恩師的關懷，所以師生關係不曾間斷。不少學長姐比我還聰明，每週去一、兩次甚至想到了就去。「旺季」時（教師節、逢年過節），學生絡繹不絕，且常是全家出動。為什麼賈老師這麼吸引學生？

　　因為，她願意「奉獻」自己的家庭空間及課餘時間，與學生吃飯、談心，甚至與學生共同出遊。我曾住內湖，有一次說起大湖公園的風景有多美，要老師一定來看看。賈老師竟然「隨和的」答應了，跟著我與家人一起去逛大湖公園。以老師在美國留學多年，去過黃石公園、看過大峽谷，大湖公園算什麼啊？但老師卻沒因此取笑我見少識淺。還有好幾次，十幾個研究生與家人包了遊覽車，請賈老師一起去臺灣各地旅遊（我的先生、孩子及婆婆都曾參加）。

　　要做到「花錢請學生吃飯」、「花時間為學生解惑」，並不容易！不僅要真誠、親切，還要「捨得」付出時間與金錢。我「仿效」多年，才從計較「值不值得」，逐漸的「心甘情願」。這種課後非正

式的互動，可使師生關係更融洽，提供學生一個求助的管道。學生與老師的「個別談話」，就像醫生的「看診」，可藉此「治療」學生課業及人生的急症或痼疾。最近有個學生寫封信給我，證明這個方式對他有用。

　　感謝您這學期常陪我聊天，解決我的疑難雜症。每次一到中午12點下課鈴響，我都迫不及待想和您分享心事。快到12點半了，還想多和您聊一會兒，因為心裡還有許多話想和您說。

　　每次一下課，老師身旁總有許多人圍繞著，我覺得老師的人緣真好。而且您和同學說話時，都會帶著微笑，以最大的包容心面對不同的人，這是我最欽佩老師的地方。

　　一學期下來，我感覺您就像我的母親、知心好友，因為您能解決我內心許多問題。雖然希望未來還有機會多和老師聊聊，但也希望老師別讓自己太累，拿一些時間讓自己放鬆喔！

　　我目前在六所大學兼課，世新大學與我「預約個別談話」的次數最多，其次為文化大學。我也常邀學生「以組為單位」到家裡來，由我做飯給他們吃；臺灣科技大學最捧場，其次為臺北教育大學。到家裡吃飯的難度，不在於端出什麼「拿手好菜」（不管煮什麼，學生都「很有禮貌的」說讚美），還要取得丈夫及兒女的認同，因為這會剝奪若干「家人時間」（family time）。政治大學的學生比較客氣，所

以我就以抽籤方式，抽出幾組學生「被我請吃飯」（我還請學生吃過鼎泰豐呢）。藉著付出時間、金錢及家庭空間，傳達老師願意參與學生內心世界的誠意。

教育愛之二　眞誠一致的關懷與指引

我與賈馥茗教授延續二十五年的師生情，不是因為自己多麼懂得感恩圖報，而是老師始終如一的關懷。賈老師的教誨不僅「受用」，更是「享受」；她的言語真誠無欺，又十分委婉。如果學生是對的，她毫不吝惜，立即表示贊同與讚許；如果學生不對，她不會馬上斥責，頂多搖搖頭或以問話方式（打草驚蛇、間接暗示），點出一、兩個關鍵處讓學生自己想想「哪裡出錯」。賈老師「望之儼然，即之也溫，聽其言也厲」（《論語・子張篇》），遠看嚴肅、有威儀，接觸後立即感受到她的溫暖。賈老師的言語正直、溫和、寬厚，十分注意說話的藝術，她說：

> 「屈服」的時代已經過去了，要能讓人「悅服」；悅服就是心悅誠服、欣然接受。

學生對她的教誨，充滿期待而不怕受傷害。每當我茫然失措，賈老師會鼓勵我先自行思考一個禮拜，不要立即依賴別人給答案；實在想不出來，再提問。賈老師的提點，不僅讓我在人生旅途上少走許多冤枉路、少跌好幾次跤；更因老師的一席話，而做出正確決定，避免「差若毫釐，謬以千里」（《禮記・經解篇》）。例如，有一次，我對工作不太滿意，賈老師說：

無論在哪裡工作，都要設定「自己的目標」，未達目標絕不輕言離職。

另一次，我因上司的批評而萌生辭意，賈老師說：

如果上司對你的工作能力不能信任，或有不公平的評價時，不但不可輕言辭職，還要更加努力，非做到上司誇獎不可。

因為賈老師的關懷與指引，常讓我突破困境、由逆轉勝。

教育愛之三　因應學生的材質而施教

由於我的悟性不高，賈老師常要變換說法，才能助我及時回頭。賈老師非常有耐心，能體諒學生的資質不足或差異，給予個別所需的鼓勵與協助。賈老師提醒教育工作者，要儘量認識每個學生，清楚他們的狀況。愈是縮在教室後頭的，愈要注意。不論是個性內向、有特殊問題，甚至是不喜歡老師的學生，都要與他們接觸，才能適時、適切的開導他。

若老師不主動走向較內向的學生，師生之間就可能「老死不相往來」（老子《道德經》）。有特殊問題的學生（不論家庭不健全、身心障礙或行為偏差），因為「冰凍三尺，非一日之寒」，所以「解凍」也得花費一番功夫。至於對不喜歡老師的學生，老師要願意「移樽就教」、放下身段，主動去了解原因、消除師生間的誤解。

在臺灣的教育體制下，學校特色或學生狀況常與聯考分數有關。我的求學背景一路是公立學校，剛開始接觸私立大學的學生時，並不順利。花了不少心力、時間，以及多次的失敗，才逐漸「同理」

他們學習意願或能力不足的狀況，不再一味以高標準責怪及說教，改為更多耐心及提供具體協助。其實公立大學或頂尖大學的學生，也有不少學習及生涯發展的困擾，需要老師主動給予關懷。

老師要積極融入學校願景，了解學生個別特質，教育才能「事半功倍」。尤其在適應「學生個別特質」這部分，是教學熱忱、意志力、創意與功力的一大考驗。以我近30年的任教經驗來說，不管在哪個大學教過多少年，卻還是像「盲人摸象」，屢屢「踢到鐵板」。每學期結束時，都覺得又是慘敗，要好好的「自我診治」，做好下學期「再出發」的準備。

教育愛之四　對學生多誇獎、鼓勵，少批評及指責

賈老師深諳人性，知道人們喜歡被肯定，不喜歡被挑剔；所以她與學生說話都是誇獎、鼓勵居多，很少批評與指責。由此可見，為什麼學生及其家人，都那麼喜歡接近賈老師了。

許多師長總忘記這項原則，對學生說話不僅常指責、少誇獎，還習慣反覆的數落。一碰面就說些讓人聽了不快樂的話，怪不得學生對師長「避之唯恐不及」，或「充耳不聞」。成年人也不喜歡聽到太多批評與指責，何況自信心尚不足的學生，當然會反感與反抗囉！

對學生說話，要先誇獎、多讚美，不舒服的話儘量減少。老師若能掌握這個要點，就不至於忠言逆耳、破壞師生關係。我以前常「碎碎念」或「說教」，使師生關係逐漸疏離，造成不必要的誤解。師生若不能相見歡，如何期待教學效果？人際關係的修復比「好的開始」更加困難，所以還是要廣結善緣，好好跟學生建立關係，教學才能事半功倍。

　　「一滴蜂蜜，勝過一加侖膽汁」，讚美能使學生為了變好而願意接受老師的建議。所以老師得善於說「好話」，把對學生的期許及修正意見，轉為甜甜的蜂蜜。希望學生準時上課就要說：「老師好高興，你們都能盡力趕來上課。」希望學生作業及上臺報告更努力，就先相信他們「想做好」的動機，讚美他們「已經盡心盡力」的部分，再激勵他們「可以做得更好」。

教育愛之五　花比上課多幾倍的時間來備課

　　賈老師一生好學不輟、孜孜不倦（1926-2008），出版的書籍不少是她自己電腦打字的。愈年長愈用功，80歲以後還撰寫好幾本大部頭、統整性的著作，如《教育認識論》（五南，2003）、《教育倫理學》（五南，2004）、《融通的教育方法》（五南，2007），學術功力十分深厚。

　　她治學嚴謹，不論寫作、教學、言行，都有正確的依據。賈老師常提醒我們，當老師不是件容易的事，要花比上課多幾倍的時間來準備。由於我經常演講，恩師更要我多讀書、多求證，否則說錯話的危害更大。我知道自己不聰明，除了從圖書館大量借書，藉由多讀書來融會貫通之外；也不斷寫作，以知識的吸收與統整來自我增進與創新。當老師不僅要精進專業知識，人格道德更要加強。賈老師認為：好老師要「三省吾身」、「精益求精」，永遠沒有足夠的一天。

　　而今，我在教學的「準備時間」愈來愈多，範圍也愈來愈廣，日思夜想都是如何從質量雙方面充實教學。課程內容的翻新，除為了跟上時代趨勢外，更要配合各校及個別學生的狀況，為他們「客製化」最好的課程。教學活動的設計，也從多方面找靈感，舉凡相關書籍、電影、歌曲、報章雜誌等。為了更好的教學，我蒐羅的書籍、電影、

雜誌、網站愈來愈多，所學的歌曲也是（「寓教於唱」算是我的教學特色之一吧！）總之，就是儘量增加自己的價值。

3 學如逆水行舟，教呢？

　　2004年我辭去了大學專職，成為「自由的教育工作者」。剛開始只在兩所大學兼課，常擔心「課是否開得成？」因為有時雖然努力變換教學方法，但學生的出席率及學習氣氛依舊不振。我試過「討好」學生，例如：同意他們上課吃東西、沒準備教科書也無所謂，甚至對他們趴下來睡覺「睜隻眼閉隻眼」。但學生依舊意興闌珊，除了有力氣吃便當、剝栗子、剪指甲、看漫畫、補妝之外，對上課依然提不起勁。我曾向系主任、導師甚至教務長求救，但，除非我放棄學生了，否則還是得靠自己來解決問題。

　　討好或不管學生，都不能拯救低落的學習氣氛。雖然我是教育博士，但也未必能完全掌握教育生態及學生心理，差點要棄械投降、解甲歸田。最後發現，回歸教育本質、探討有效教學，才是釜底抽薪之道。我努力從教學愉快與成功的經驗中，找出有效的「學習輔導」策略。

策略一、對學生「感興趣」與「欣賞」

　　善於訪問的節目主持人，會表現出對來賓最大的興趣，突顯來賓獨有的價值。好老師也應如此，尤其對不能自我肯定、不相信自己有何價值的學生，更要發揮老師的想像力及演技，大力表現出對學生的支持，突顯他的優點。讓學生相信自己的潛力，願意追尋學習成就。

　　想激發學習動機、提升學習成效，就要以「欣賞」的眼光，接納學生的學習心態（包括錯誤的部分）。先「迎合」他們，再以激將法、借力使力法、賞識法……等，使他們自願「求好心切」。我在幾

所大學兼課，有時會不小心相互比較，使較差的一方感到不服，以為我在貶損他們而抗拒學習。後來我改為「似無意卻有意」說些甲校贏過乙校、乙校贏過丙校、丙校又贏過甲校的事情，使他們因為有地方贏過別人而產生自信，也因不想輸給別人而更加努力。

要使學生變好，應避免事後殘酷的批評，學生會覺得老師「冷血」。而要在事前給予提醒及指導，使他們有機會嚐到成功甜美的果實。等師生關係夠穩當、學生較有自信時，才能提出較多的建議。而且要以：「因為你是可造之才」開場，結尾則要說：「以上意見僅提供參考，要怎麼做，還是由你自己決定。」

策略二、增進師生關係

「知人知面不知心」，了解學生光靠課堂教學是不夠的；還要利用課後與學生交談及探詢。中小學老師較容易做到，因為朝夕相處，有較多相聚的機會；加上學生未成年，較能接受成人的意見。而大學老師，就可能需要與學生進行一番辯論。何況，在我國大學入學率幾達百分之百之後，不少學生不見得「主動學習」，就得靠教授的「課後輔導」，來啟發學習動機。

師生關係若好，可以增進教學效果。為了建立師生情誼，老師要與小組或全班同學定期聚會，多參與學生的競賽、活動、郊遊等，展現親切、平易近人的一面。老師要設法與每個學生都互動，尤其較內向、不喜歡接近老師的學生。有些學生看來不馴服或態度冷淡，老師得原諒他「還不成熟」，千萬不要放棄他。有了師生情誼，老師會因喜歡及關心學生，進而喜歡教學，「甘願」為學生準備更豐富的教學內容。

策略三、教學富於變化，善用影片、書籍等教具

使自己成為「教娛家」，寓教於樂。可以將課堂變成師生才藝展現場所，使教學洋溢歌聲與笑語。我喜歡唱歌，有時會利用一、兩首歌來授業或解惑。有些老師善於說笑話、富幽默感，或有其他創意，都可用來使教學生動、多元。

教學活動要多樣化，動、靜態交互進行，才能相得益彰，避免學習倦怠。教學方法應包括：講解、問答、小組討論、小組演練、小組競賽、影片欣賞、好書介紹、課後練習等。教學多些變化，才能維持學習的專注與興趣。

挑選適合的影片、書籍及補充教材，可「借力使力」，使教學「事半功倍」。為學生找尋影片及書籍，的確花費老師不少課後的時間，但可當成是老師的自我進修。總之，教學要以學生為主體，使學生「動起來」、「忙不停」、「達成任務」，樂於參與並能激發潛力，這才是真正及真實的學習。

策略四、班規的訂定與執行

「不以規矩，不能成方圓」（《孟子‧離婁篇》）、「威宜自嚴而寬，自寬而嚴，人怨其酷。」（《菜根譚》）教學前，先立下明確的班規，或將班規列為教學評量的一部分。「班規」不僅是導師的事，各科老師也可訂定所需的班規。不僅在中小學，大學也需要班規。班規應形之於文，且在開學三週內進行訓練，以收「防患於未然」之效。班規不可半途而廢或朝令夕改，要讓學生看到老師執行的決心。不可到學習偏差嚴重時才祭出班規，一定會「吃力而不討好」。

　　大學生也需要上課規範，否則就會「隨心所欲」、「我行我素」。如何讓大學生準時上課？我的方法是將「準時出席」納入學習評量中。無法準時上課或缺課較多的同學，除了無法獲得「學習態度」分數外，還可能面臨「扣考」（該科成績不及格）危機。我儘可能不對他們的遲到或缺席，表現傷心或灰心的樣子，這只會使師生雙方都想逃開。應理性的行動，除了尊重個別的遲到原因外，也要表達關心與誠意，協助他去除不利於學習的原因（習慣）。必要時，給遲到或缺課較多的學生「補課」，藉機幫助他們徹底解決遲到問題，使他們更積極學習。

策略五、展現教學魅力及自信

　　老師都有自己的教學風格與特色，不論學識文章、外在儀容或人格特質，只要能帶領學生找到希望、讓學生想親近的，就是「教學魅力」。老師不一定都要年輕、貌美、會打扮（總不能一直「裝可愛」），外表需要莊重、和藹、有朝氣。而真正的魅力，仍是長期累積而成的風度與氣質，是模仿與假裝不來的。

　　好老師也是個「身心成熟的人」，能為學生而隨時自我調適。老師須具備教學自信，即使受挫，也能承受打擊，從失敗中再站起來。當學習狀況不佳時，不要問：「學生怎麼了？」而要問：「我怎麼了？」先改善自己的教學狀況。身為老師的最高指導原則，是要贏得學生充分的信任；子曰：「其身正，不令而行；其身不正，雖令不從。」（《論語・子路篇》）從事教職最難的，不在擁有高深的學問，而在展現「誠意、正心、修身、齊家」的身教，才經得起學生及時代的考驗。

　　好教師要有精湛的「教學技術」，即使已經教得很好了，還可

「精益求精」；不要將校長、教務主任在教室外的觀察，當成侵犯「教學自由」或「教學自主權」，因為（賈馥茗，2007a：240）：

> 校長與教務主任在教室外巡視，一方面了解教師的教學狀況，一方面觀察學生上課的情形。……缺少這兩種了解，如同缺少了靈魂作用，老師不再能接受指導或改進的意見。

改進教學，除了靠自我省察之外，也需要校長、主任或其他教學輔導教師的提醒與協助。

第二篇　教學挑戰

——老師不罔、不怕、不退

1 盡全力，好好教

　　諾貝爾和平獎得主史懷哲（1875-1965），在90歲辭世前說：
「上帝！我盡了全力，我已好好活過了。」

　　我希望自己成為教育老兵時，也能說：「我盡了全力，我已好
好教過了。」

　　現今教育生態下，每一節課都要「盡全力，好好教」，否則常會
「老師囧很大」。洪蘭教授到某頂尖大學醫學院評鑑時，看到學生的
上課情形，曾十分慨嘆：

> 上課秩序極不好，已經打鐘了，學生才姍姍來遲。進來後，
> 有人吃泡麵，有人啃雞腿，有人打開電腦看連續劇，有人趴
> 在桌上睡大覺，打手機、傳簡訊的就更不用說了。……自由
> 進出，好像菜市場，視授課老師為無物。我看不下去，起身
> 離開。

　　後來，洪教授又轉回去，原先睡的沒起來，還陣亡了更多人。她
憂心：「大學生這樣的上課態度，我們拿什麼去和別人競爭？」她認
為學生應該「敬業」，是指：

> 做好學生的本分，父母出錢讓我讀書、國家出錢蓋了教室、
> 買了儀器栽培我，我要好好學習，這不是八股，是做學生的
> 基本要求。如果不想讀，何不把機會讓給想讀的人呢？尸位
> 素餐是最可恥的。

這件事上了報紙頭版頭條，該醫學院將洪蘭的文章寄給所有學生。有些學生不以為然，認為洪蘭將少數同學不認真的行為「誇張化」。而且說：「這是大學生普遍的現況吧！要改進？只能大家一起努力了。」

要如何「好好教」？

世新大學教授邱天助，對學生的上課態度也十分感慨，他說（2009）：

> 上課遲到、打瞌睡、吃泡麵，是臺灣多年來孕育而成的校園文化。如果到臺灣各大學校院進行教室巡禮，曉課、遲到、睡覺、聊天、化妝（包括撲粉、塗口紅、貼假睫毛）、上網、玩手機、聽音樂、吃東西（包括早、午、晚餐、點心、零食）者，比比皆是。

如今各大學訂定的「教師評鑑辦法」中，學生對老師的評分占了不小份量。有人擔心，如果學生能評鑑老師，老師如何阻止學生的脫序行為？一位大學老師說（李政達，2010）：

> 為了不要搞砸飯碗，學生成了被捧在手心上的「天之驕子」。曉課、遲到、上課吃便當、玩手機、學習意願低落……種種偏差行為，沒有老師會當場指正。……真的覺得不當掉他太對不起自己，也絕不可以先讓他知道，否則網路MSN大串連的結果，你下學期的選修課鐵定開不成。……上午八點十分的課，到八點半能有一半的人出席，就要偷笑

了。每次上課，……幾乎沒有人在聽。分組練習後，大多數的人坐下來開始聊天。

中小學老師常羨慕大學教授，以為大學生不會有上課紀律的問題；現在才知道，大學老師也常被學生「氣壞了」或「眼淚往肚裡吞」。看到這兒，中小學老師是否較為「平衡」或覺得「同病相憐」？

有效教學的竅門

對於洪蘭教授的感慨，教育部長吳清基受訪時表示，現在大學生的認真度不足，上午第一堂八點的課，如果不是必修，很少人會選。但他認為，教授本身也有責任，班級經營、課程準備要更充分，才能吸引學生來上課。

元智大學校長彭宗平表示，很多大學教授沒有學過班級經營，無法適時阻止學生上課吃便當或睡覺的情形，以致惡性循環。彭校長說，自己剛回國擔任教授時，常觀察資深教授如何上課。資深教授看到學生上課吃東西，會立即制止，或請他到外面把東西吃完再進來，不要影響上課。彭校長認為，即使大學上課比較自由，老師仍須「守住底線」。否則上課秩序不佳，影響老師的上課情緒，學習情形也會大打折扣。

政大法律系教授黃源聖，拿過三次教學績優獎。他建議，年輕老師要多觀摩其他教授的上課情形，就會有所體悟。他自己就是這樣，一步步調整教學的方式。

大學老師沒有修過教育學分，不太懂得「班級經營」或「教育心理學」，所以會「踢到鐵板」。但，中小學老師都修了26到40個教

育學分，又為何會抱怨「老師有說，你都沒在聽嘛」？可見現今之教學困境，已逐漸擴大至難以消除，所以教師更需精進教學技巧。

2 找到自己的「教學盲點」

　　槍殺臺中角頭翁奇楠的主嫌、18歲少年廖國豪，投案時說：「臺灣教育害了我」，引起社會一陣討論。他國中時的訓導主任說：「廖國豪的國中同學，有人今年滿級分從臺中一中考上國立大學。國立大里國中、今年考上醫學院的學生，也是該校的畢業生，……為什麼同樣一所學校畢業，別人的表現是這樣？」訓導主任認為是廖國豪自己走偏了，與臺灣教育無關，廖國豪該為自己的行為負責。

臺灣應有不少廖國豪

　　但，如果我們換一個說法：「同一所國中畢業，有人可以考到臺中一中、國立大學、醫學院，為什麼不能把廖國豪教得跟別人一樣好？」學校及老師要思考的是：有哪些教學盲點，致使老師無法把廖國豪教好？

　　我在大學教書超過二十年，覺得教學「沒那麼簡單」。即使科目名稱相近，因為校系（所）差異，就無法以相同的方式「一招半式闖江湖」。愈想達到「因材施教」，教學的失敗率也相對提高。若找不到失敗的原因，即所謂存在「教學盲點」。

　　若將我目前兼任的六所大學，以A-F六個字母來代表，則我的「教學盲點」頗多，如：A校的缺席率偏高、B校的參與度不足、C校的穩定性不夠、D校的作業遲交過多、E校的遲到狀況未見改善、F校趴下來睡覺的同學最多。

　　幸好我申辦了「教學成就存款簿」，將教學愉快的經驗存起來，以便在遇到教學挫折時，不致耗損太多教學自信與熱忱。反而激

勵我的教學省思與改進，將抵銷的「成就存款」再存回來。

期末時，A校一位學生寫「信」給我（其實是「諫言」），對於了解「教學盲點」上，很有建設性。

阿德的諫言

王老師：

你真是一個很熱情、敢表現自己，且用心的老師。但，你上課關門這個做法，就有不小盲點。不知道老師有沒有發現，上課後把遲到的學生關在門外，然後教導教室內的學生不要遲到，這就是盲點。教室裡頭的學生，多數是準時的；關在外頭的，才是遲到累犯。他們根本沒聽到你的苦勸，當然不能改變遲到的習慣囉！

點名也一樣，老師認為沒必要去找那些常常不來的學生，要他們為自己的行為負責。但是，就因為他們的問題很嚴重，才要老師主動關心嘛！

學生上課沒有準備課本，其實是小事，真正的問題是：該有的學習基本功都沒有。好比分組討論跟報告，因為組員不熟，所以無法討論；以及上課隨意遲到、缺席等，就是基本功不足。希望老師能教導我們最基本的學習習慣，不單單只是在課程內學到什麼，更不是以嚴格的方式讓學生遵守規範。

老師不要認為學生最基本的學習態度與方法，都是自己該有的。有些學校的學生，就是多數都沒有，才需要老

師主動關懷與付出。

　　教育要因地制宜、因材施教、循序漸進，老師你可能在不同學校都採用一貫的教法跟堅持，但對我們學校的學生，最好能主動關懷，不要用別校那一套。如同老師對自己女兒數學不及格時，陪伴她一起克服困難一樣。有個學習的夥伴來勉勵、督促自己，好過孤單、沒自信、隨便放棄。

阿德敬上

　　我將這位「有見解」的學生，暫名為阿德。大四的阿德，以對母校學生特質的了解，指出我教學上的諸多盲點，並告訴我正確的做法，讓我感觸良多，更覺得感謝。其實，我一直想掌握與配合各校的差異，但我的「自以為是」，又造成另一個教學盲點。我以為有效的方法，對某校學生可能沒有實質幫助；而他們真正需要的，我又很少提供。

　　阿德這封信，我反覆看了好多遍，從中歸納出我在A校的四個教學盲點（依此類推，我在B、C、D、E、F等校，也有不同的盲點）。

盲點一：把遲到的學生關在門外，卻教導教室內準時的學生不要遲到。

　　撰寫博士論文時，因為我要兼顧學業、工作與家庭，深深體會「時間管理」的重要，所以自己當老師後，就嚴格要求學生上課準時。然而，一般大學生未真正面臨時間壓力，時間觀念鬆散。以A校

來說，一個班級少則1/4、多則甚至超過1/2「還做不到」準時上課。即使他們認同準時的重要，能夠「知行合一」或「知過能改」的仍不多。

以往我偏向「說教」方式──規勸學生不要遲到，但效果不彰。上學期，我大膽啟用「鎖門政策」──上課鐘響就鎖門；20分鐘後再開門，讓遲到者一起進入（比照國家歌劇院規格）。A校的課是早上8-12點（兩班），準時的同學不到一半。有些學生知道我在上課20分鐘之後會再門，於是自動將上課時間延後。與學生鬥智的結果，我又輸了！

至於我不滿學生上課遲到而碎碎念的結果，倒楣的是準時到的人。久了，不僅遲到者沒有受教，準時的學生也覺得厭煩，認為我沒本事管理秩序。以後我改為將出席狀況列入學期成績，準時上課者得分；再私下關心及提醒遲到的學生。

盲點二：認為沒必要去問不來上課的原因，學生應為自己的行為負責。

與鎖門政策相關的是「嚴格點名」，缺席而未辦理請假的學生，會留下曠課紀錄，曠課三次即「扣考」（學期成績不及格）。以A校來說，嚴格點名之下，扣考同學多達1/4。

阿德是負責點名的同學，每次將點名表交給我時，都會提醒：「是否應去找一找這些缺席的同學，問問不來上課的原因。」我總是回答：「大學生應該為自己的行為負責。」我不想與缺席同學聯絡，不僅因為缺席者為數不少，也覺得講不清楚。所以多半將缺席解釋為：放棄這門課（因為無法準時上課）、早上爬不起來、打工、慣性缺席⋯⋯等，並未真正探究原因。

　　阿德一直提醒我，也許缺席同學的問題很嚴重，需要老師主動關心。雖然我認為大學生該為自己的行為負責，但細想，如果他們真能為自己的行為負責，就不會一再缺席了。所以，現在的我，會透過各種管道找到缺席同學（透過系上導師、助教、教學助理等），了解缺席原因、盡力協助他們解決問題。

盲點三：認為基本的學習習慣，是學生本來就該具備的。

　　上課時，我常採取小組討論方式，總以為學生知道如何進行小組活動，實則不然。每當我說：「現在開始進行15分鐘的小組討論。」就見到多數學生「不知所措」，組長也不知如何當主席，大家各做各的（有人利用此時間上廁所，有人索性趴下來補眠）。我問他們為何「不能」討論，答案是：不知道要討論什麼、不認識小組成員、跟不熟的人講話怪怪的、不想告訴別人自己的私事或想法、對討論的議題沒意見或沒興趣、小組成員有一半缺席……等。我聽了相當無奈，卻也沒有教導他們討論的方法。

　　除了小組討論之外，還有許多學習方法，他們沒被好好教導過。上課時，不少老師以為某些聰明的孩子學會了，就等於全班都會了。其實，在今天大學升學率幾乎百分之百的情況下，不少大學生真的不會課前預習、找重點、做筆記、安排讀書時間與複習計畫……等學習技巧，需要大學老師重新教導。否則就算學生有心用功，也會因「心有餘，力不足」而放棄。

盲點四：認為學生應能自我督促，不要什麼事都等別人關心或幫忙。

　　阿德建議我，對待學生要像對自己的子女。我的女兒數學成績一直較弱，在我一路陪伴、教導、接納與鼓勵下，她才不致於放棄（國

中基測數學科，34題還答對32題呢）。阿德說，學習上有個夥伴共同勉勵與督促，好過孤單、沒自信、隨便放棄。我既然可以是女兒的學習夥伴，也可以成為學生的學習夥伴，陪他們一起克服學習與生活的困難。我為女兒付出那麼多，也可以為學生多盡些力。

現在，我不再認為學習困難是學生自己的事了。A校學生一定有不少學習路上孤伶伶的孩子；他們有心變好，但得到的只有「比不上別人」的結果。學生的自我督促與教師的關心，兩者並不相斥，應能相輔相成。

廖國豪來自破碎的家庭，國小時父母離異，父親染毒而多次進出監獄，由祖父母隔代教養長大。但祖母經營有女陪侍的飲食店，造成他國中加入幫派、逃課、蹺家等結果。我自己也在國小時父母離異，父親因病而沒有穩定的工作與收入；國中時父親再娶，與後母相處不睦……等。幸好，我的國中導師願意陪伴我，具體協助我克服課業及心理問題，才讓我擁有健全的心靈，一心努力向上而考取高雄女中、臺灣師範大學。我不是指責廖國豪的老師，而是希望大家從這件事，思考教學的盲點。

3 學生觀點的「優質教學」

我自製了一份「教學評鑑問卷」，採開放式問題，由學生擔任評鑑員。我找了若干位能夠獨立思考的學生，請他們觀察系上老師（包括我）。以下是某位學生──暫時稱他「阿慶」，對兩位教授的觀察報告（不包括我）。阿慶的觀點，也許不夠周延，但可給身為老師的我們，一個「見賢思齊，見不賢而內自省」的機會。

對A教授的觀察

一、能不能使學生準時上課？為什麼？

我認為這個答案取決於學生上課的積極度，而非老師。或許老師上課的精采度，多少影響學生到課的意願；但真正認真的學生，「不遲到不早退」是最基本的原則。所以我覺得此部分，與老師較沒什麼關係。

二、能不能使學生專心上課？為什麼？

完全不可能！因為負責該課程的A教授，本身是另一方面的專長，卻被調來教與他專長不符的課程，怎麼可能教出該科真正的精髓。而且A教授教學時，不僅課程章節跳著教，回答學生問題的態度也不佳，都要求學生自己回去讀。最嚴重的是，期末竟然「當掉」近二十位同學，嚴重影響大四即將推甄研究所的成績。

三、能不能使學生喜歡上課？為什麼？

答案也是「完全不可能」。

四、能不能使學生學以致用？為什麼？

仍然是「完全不可能」。

五、上課中印象最深刻的部分為何（正負面皆可）？為什麼？

A教授在期中考監考時，無視於有人作弊，還在看股票。此行為不僅傷害到行為正當（未作弊）的學生，也大大影響全班的平均分數。該老師一直認為自己的考題合情合理，完全不顧學生的感受，根本不尊重學生。

六、整體的建議

學校應該找合適學術背景的老師來授課，才不會造成學生、老師、學校三方受害的結果。

對B教授的觀察

一、能不能使學生準時上課？為什麼？

我認為這個答案取決於學生上課的積極度，而非在於老師。

二、能不能使學生專心上課？為什麼？

我認為可以，雖然這門課開在晚上，但B教授能考慮到學生可能精神不佳，而適當調整上課的節奏。有時講到較為艱深的觀

念，會反問學生或以幾道簡單的例題做講解，並與學生互動，是所謂「深入淺出」的教學方式。

另外，該課程一次上三堂課，老師在第一、二堂講解公式與觀念，第三堂課就帶著同學做例題。並且每兩週安排一次小考，一次考兩題，第一題是上禮拜教的觀念，第二題則是該堂課所教的例題，讓學生養成課後複習與上課專心的好習慣。

三、能不能使學生喜歡上課？為什麼？

可以，B教授不管在課程設計、教學內容與考試出題，都能明顯感受到對學生的用心。而且B教授會適時激勵學生，不管在考試技巧或學習態度的養成上，B教授都能設身處地為學生著想。

四、能不能使學生學以致用？為什麼？

這點我認為是取決於學生，該門課雖是必修，是某領域的基礎課程，但對專攻其他領域的學生而言，實用性不大。

五、上課中印象最深刻的部分為何（正負面皆可）？為什麼？

B教授常與我們聊到有關念書的態度與方法，還會建議同學修完這門課後，再修哪些進階課程。課後，他很歡迎學生來問問題，或與他討論有關該領域的生涯規劃。

六、整體的建議

B教授是「萬中選一」的好老師。

看完這位同學對A、B兩教授的觀察，是否也點出了你我的一些教學盲點，或者慶幸自己某些地方「做對了」。

維護學生的學習權

我相信，沒有老師想成為學生眼中該換掉的A教授。但，

是誰「創造」了A教授？是A教授、校方或學生？

是誰逃避了A教授「不適任」的情況？

學生為何能無奈的接受A教授種種不當的教學方式？

在同一個學生眼裡，A、B教授為何天差地別？

如果我們希望自己成為學生心目中「萬中選一的好老師」，該如何知道自己看不見、學生卻很清楚的教學盲點？其實，方法很多，包括：

一、讓學生「自信表達」學習的需求與建議

從阿慶對A教授的觀察可見，他對A教授的不服及不滿。他表示，曾向A教授表達，但老師根本不聽，為什麼（也許阿慶的態度讓A教授誤以為是挑釁吧）？在我國「尊師重道」的文化傳統下，學生處於價值較低的一方，通常「缺乏自信」──不敢做自己，所以無法「自信表達」。其實美國的教育環境也是如此（白豐碩譯，2010：40）：「在學校裡，老師經常是阻礙自信表達的人。安靜、馴服、不質疑權威的孩子會受到獎賞，但那些以某種方式『對抗體制』的孩子會被嚴加看管。」若「對抗體制」的表達，變成了另一極端──「強勢侵略」，一樣會破壞師生關係，無法達成溝通的目的。下列「自信表達量表」（白豐碩譯，2010：21-22）的題目，即屬於「強勢侵略」的範疇，如：

1.公開批評別人的想法、意見或行為。

2.容易大發雷霆。

3.當對方已經不耐煩，還繼續說服對方接受某個論點。

4.罵髒話以表達憤怒。

5.經常干涉別人的事，為別人做決定。

6.認為自己總有正確的答案。

7.很難讚賞別人。

8.以咆哮或壓制技巧，要別人執行你想要的事。

9.在別人講話時插嘴，替別人講完他要講的話。

10.與人有肢體衝突。

11.與人聚餐時，由你主導談話。

而「自信表達」的定義是（白豐碩譯，2010：43）：

直接、堅定、正面的──必要時是堅持的──行動，目的在
增進人與人之間關係的平等。自信表達使我們採取符合我們
最佳利益的行動，為自己挺身而出，免於不應有的焦慮，行
使個人權利而不否定他人權利，同時以坦承而自在的態度表
達我們的情緒。

我們一方面指導學生向老師「自信表達」學習的需求與建議，
自己也要以身作則，以「自信表達」的態度，公平對待每位學生。這
樣，老師才有機會及早改進自己的教學盲點，不會造成自己、學生、
學校「三輸」的局面。

二、透過學校「教師意見調查」系統

學校會定期（期中考後）實施「教師意見調查」，這也是了解學生對教學有何意見的好機會。雖然有些學生可能以「強勢侵略」的方式抱怨或批評老師，讓老師看了心裡不舒服（因此有些老師從不看「教師意見調查」結果）。但這畢竟也是一個師生溝通的管道，老師仍應以「自信表達」的方式，來回應學生的意見與想法。

三、透過自己設計的「教學回饋」機制

也可自行設計「教學回饋」機制，附加於考題或作業當中，重點在鼓勵學生「自信表達」，以維護自己的學習權益；不要流於攻擊、造成師生雙方的傷害。許多學生不敢表達，是因缺乏自信，所以老師平時要多多鼓勵。即使學生表達不當，也不要對他發脾氣或遷怒，以致學生不敢再說真話。

4　學生愈來愈難教嗎？

常聽老師說，現在的學生愈來愈難教了，尤其是國中生，為什麼？我拿這個題目「專訪」賈馥茗教授，她認為，與其說國中生難教，不如說是我國的義務教育出了問題（賈馥茗，2007：81-84）：

第一是年限問題，富裕國家爭相延長義務教育年限，忽略了人的學習能力有差別。教育年限越長，不善讀書者被拘留在學校的時間越久，他們忍受的時間也越長。

第二是內容問題，義務教育本為培養國民品質，重在行為與行動，文字知識是次要的。我國反將知識當主體，訂出許多科目。只有一條狹窄的路給學生──讀書識字，走不通此路，便無路可走。無路可走的學生不甘心被人唾棄，……「歪路」也可以出人頭地，有些就成了社會所謂之「敗類」。

第三是作法問題，義務教育本應在兒童可塑性極強的時候，教以適當的學習方法與為人之道，可惜現已逐漸成了為「升學」做準備。

賈馥茗教授認為（王淑俐專訪，2007a：3），國民教育最嚴重的問題就是「內容」，抽象思考能力較低的孩子，若學不來，就判定是「放牛班」。其實他們仍有其他能力，為何沒機會讓他學習想學、學得來的東西？

教導不同程度學生的技巧

如何教導不同程度的學生？

1.了解學生的心理狀態或能力

老師容易犯的一個錯誤是，常根據「我」來設想學生，其實每個

人有許多先在條件，決定了現在的成就。一班幾十個孩子，都能達成老師的期望嗎？考不到六十分的學生，老師怎麼對待他？老師的成見總認為，學生就應該聽話、用功、成績好，這才表示我教得好，其實這是老師的私心。

每個學生都不同，如：性格、能力、習慣、環境、觀念、生活環境，所以行為表現各個不同。以較樂觀的觀點而言，一個班級約有三分之一學生令人滿意，三分之一中等，最差的大約五分之一。未成年的孩子可塑性很高，有人發展得快，有些開竅得慢，不能立刻判他死刑，以為沒有希望。成績好、有主動力的，不教也壞不到哪裡去。但中下程度的孩子就需要老師教導，能把這類學生教得有進步，才是好老師。有些學生的抽象智力尚未發展，需要老師不厭其煩、耐心的跟他說清楚。國中階段學生是沒有選擇的，又是常態編班，這正是目前國民教育階段的教學困難。

老師要時時刻刻注意程度較差的孩子，一有好的表現立即鼓勵。對於學習較慢、成績較差者，課堂上給他一些不會擾亂秩序、可做的事。

2.應教導學生自我認識

要使青少年知道自己是誰、將來要做什麼，最重要的是「跟自己比較」，使今天的我比昨天進步。少年狂飆時期，因為知識不足，所以更需要開闊視野。課本上的內容並不足夠，老師應開拓一些課外知識，雖不能幫學生考一百分，卻可提高學習興趣，包括有益的影片或唱些歌曲，均可振奮人心。板著夫子面孔、一本正經講課的時代已經過去了，教學一定要活潑些。

學生的程度可分三組，一個時間裡，老師只能教一組。老師是否都會「複式教學法」？教某一組時，讓另外兩組有事可做？如果我們

只教中上程度的學生，那麼聽不懂的，根本不知道自己要做什麼。

國中階段孩子的特徵

要教導國中生，須先了解國中階段孩子的特徵。

1.身心發展最不穩定

12至15歲是人生很大的轉捩點，除了生理變化明顯外，心理狀況也特別不平衡，尤其是情緒，所以這階段又稱「狂飆期」。青少年處於改變的狀態，如認知、情感、想法，所以顯得喜怒無常。有一種衝擊力，一直想「動」，但要動什麼，自己也不知道。既受到衝擊，又拿不定主意，所以非常惶恐。此時成人要多體諒，對於他的喜怒無常、前後不一，不要生氣，要「寬容」。不要理會他某些不當的行為，並能「耐心」等待。

不要太執著「教師的尊嚴與權威」，老師應回想自己在他們這個年齡，是乖乖牌嗎？老師要多與家長談談，以便能了解孩子。面對不明理的家長，要建立親師情誼；建立情誼的方法很簡單，就是先誇獎他的孩子。建立親師情誼非常重要，家長若不肯跟老師合作，教學將事倍功半。

2.特別強調公平、正義

老師要千萬小心，一句話或一個眼神就可能傷了青少年的自尊，連帶傷其自信，以為老師對他有偏見、有好惡，自覺遭到不公平的待遇。老師不要看到學生的一點點不好，就立刻責罵他；等一等、忍一忍，留一點時間讓學生自己反省。老師上課時，要全神貫注在每個學生身上，注意學生的反應（看表情，看人看到心裡去）。發現有嚴重問題時，要等待機會，在不傷及學生自尊的情況下告訴他，千萬不要在全班同學面前指責他。

上課時老師要常反省，我講得夠不夠清楚？注意學生的表情，探測學生是否真的明白了。老師不要講太多、太快，結果學生根本沒聽進去，沒給學生思考的餘地。老師要常「停頓」一下，給學生「回想」的機會。

要設法建立師生情感，給予學生關愛的眼神，為他解惑，讓他知道老師的關心。與青少年多說幾句話，學生就會認為老師喜歡他，於是產生了自信心及向上的衝力。

學生能力有差別，某些學生東張西望、動來動去、趴下睡覺，可能是聽不懂。也有些聽不懂卻「不敢動」的乖乖牌，其實是「心不在焉，視而不見，聽而不聞」，這些都要特別注意。學生的差異性很大，要多鼓勵及獎賞。

國中教師的自我期許

國中教師應有的自我期許為何？

1.對於不合理的現象，除了盡心去做，還要委婉及多次的表達

義務教育變成升學教育，是第一線老師最感痛苦的事。有些不適當的措施，老師們大都默默承受，覺得很無力。此時，只有盡到教師的本分，使自己的良心平安。一旦有機會向上表達時，也要說得委婉些，不要理直氣壯。表達的次數多了，就會有人注意。

2.對於學生的品格，以人皆「愛美」的天性使其改變

目前學生的品格普遍低落，例如說髒話、對老師頂嘴，卻成為同學心目中的英雄。然而，人類天生有愛美的傾向，讓學生明白，說髒話或不禮貌的頂嘴，就像隨便亂塗的畫，並不美。當學生有進步（減少說髒話的次數），就要立即鼓勵，以免每下愈況，說話愈來愈不文雅。

3.鼓勵學生依自己的能力努力

有些人到成年後，才感慨當初沒有多讀一點書，以增加競爭力。老師也會疑惑：國中階段到底要多督促一點，還是隨性一些、快樂學習？其實，家長常因抵擋不住社會壓力，認為孩子的學業應該更好，而強迫孩子讀書。但孩子有個別差異，無法一概而論；從做得到的開始，做到了就儘量鼓勵他，再看還有什麼其他的興趣。只要課業過得去，就讓他發展其他興趣。

4.老師只希望學生多得到一些，只想到付出

如今整個社會對老師的尊重度下降，媒體也常打擊老師的士氣，要如何為老師打氣？邱吉爾說：「一個人活著，應知自己付出了什麼，更要知道自己得到了什麼。」一般人在生活中常覺得，自己得到的不夠多，彷彿「得到」是理所當然的，自己有一點點付出，就覺得很了不起。然而老師卻要有不計較收穫、只想付出的傻勁，這就是「教育愛」。老師沒想到學生的回報，只希望學生得到更多。「尊師重道」這四個字，要留給學生說，老師只要捫心自問：我是否盡力？能做的都做了嗎？有沒有愧對良心？這就夠了！

老師對自己期許的是什麼？若期許學生有高升學率，使自己成為明星老師，這是不恰當的。若老師能針對學生的個別狀況，「長善以救其失」，這個期許就是好的。

老師常不以為學習哪裡困難，不了解學生的難處及想法。所以，老師要站在孩子的立場設想，先為學生指出較不容易懂的地方，如：數學題目從具體進入抽象，要先將抽象與具體連結起來。課前就要知道學生的困難處，才能設法（對症下藥）讓他們突破困難。

第三篇　教學EQ

——教不厭，誨不倦

1 怎樣教書不生氣？

　　日前我到一所新成立的國小演講，老師們多半是剛出校園的年輕世代；面對學生遲交作業、說謊、不禮貌等行為，如果屢勸不改，就「很難不生氣」。在另一場高中職教師的研習活動，年輕老師也有類似的感觸；他們困惑：為何使盡招數，還是得不到預期的成果？不由不懷疑，有些學生是否天生的「壞胚子」、外力無法改變？面對年輕老師的感慨，我的建議是：

> 生氣沒有用，要先找出學生行為偏差的原因，運用一些方法加以改善。若方法無效，不一定是學生『不能』改變，而是還未對症下藥。有效的方法在哪裡？可能像愛迪生發明電燈一樣，要經過多次嘗試才能找到。所以「嘗試」並非白費工夫，也不代表「失敗」，而是輔導學生的必經歷程。

　　在我教授「教師人際關係與溝通」課程中，有位國中生教組長表示，不僅年輕老師會氣學生屢勸不聽，也有資深老師常送學生到學務處，要生教組處理學生對老師不尊敬的態度，甚至直接和學生對罵。把學生當大人看，忘了學生還不成熟。加上青春期孩子的情緒控制力較差，因而會和老師「槓上」，師生雙方都下不了臺。

　　其他讓老師生氣、難過的事還很多，看看下面兩則老師的情緒故事。

〈EQ的故事1〉

　　為了這個班，我的健康狀況出了問題；不能全怪學生或家長，自己的教學方法也需要改進。但還是感慨，就算為他們拼了命，人家不覺得你好，也沒用！現在的老師真難做！本以為該做的都做了，但還不一定都做得對，有時也懷疑為何要這樣做？

　　小學老師要教的科目非常多，每一科目讀到研究所都不夠用；還要變化教法，隨時擔心家長可能要求什麼，或面對學生及家長給你「出考題」，常覺得喘不過氣來！

　　一天當中，學生至少半天跟你告狀；要處理學生衝突，要關心安靜卻各科落後的學生，還不包括學校交代的待辦事項（辦什麼活動、發什麼通知），所以記事本上的工作總是滿滿的。

　　有空還要拉攏一下同事關係，將學生交給下學年的老師時，很少有老師會告訴你「哪個學生有狀況」，大都說「學生很乖」（所以，「不乖」就是你不會教）。老師之間也有教育理念的差距，大都不願意將教學技巧傳授給別的老師。

〈EQ的故事2〉

　　桃園市某國中有位女老師，在課堂上被學生激怒而抓狂，拿起講義加上拳頭猛打學生，還甩學生耳光、摔椅

子，大吼：「我今天就是發狂，要修理人！」、「你沒家教」、「誰怕誰」。眾目睽睽之下，師生互嗆、肢體衝突。

學生不僅全程偷拍，還PO上網。教育處長看完影片十分震驚，覺得老師碰到這類學生應請家長嚴加管教，不能在全班學生面前情緒失控而不當管教。

該校校長陪同老師主動對外解釋：上午這位老師處理另一起體罰爭議，涉及賠償事宜，所以情緒已不穩定；下午進教室，看見班上吵鬧、髒亂，怒火一觸即發。

校長表示，該班確實較難管教，這位老師幾乎每週都請一天假「放鬆心情」，否則壓力無法負荷。老師則說，自己確實有心管理學生，也付出許多力氣；但學生總是反彈、抵制，真不知如何是好！

教育生態的改變，使現代老師容易鬱悶。除了上述家長干預教學、學生狀況不斷、不服管教，以及師生肢體衝突之外，教育政策的改變，也增加了老師的教學負擔，加上若被迫兼任學校行政工作，甚至要擔心失業（因為「少子化」），均讓老師的無力感加深，心情難以開朗。

我拿這個問題再次「為難」賈馥茗教授，賈老師認為，教育人員應認清，儘管法規有不當之處，仍可以自行斟酌、修正而後實行。也可以找到機會，告知上層這個法令是不對的，這才是負責任的態度。可以委婉說明它的問題，而不要將錯就錯。例如，發現教科書編排不當，應提出意見。老師有選擇教材的能力，教科書不當，就要加以補

救。

以兼任學校行政工作來說，各級學校教師（含大學教授）大都「不喜歡」兼行政職，該怎麼看待這個棘手問題？其實，兼行政職並不是做官，而是鼓勵、支援及領導教學。教務主任對教學方面應知道得較多，對老師的教學狀況應十分清楚。對於負責任、做得好的老師，要明白提出來嘉勉。對於教學欠當的，應提出來研討改進。訓導工作要鼓勵學生良好的行為，多用獎勵、少用懲罰；只要學生有一點點好表現，就應嘉勉。對於行為不當者，則應配合輔導，指導學生改善而非懲罰。總務工作更是支援老師，使教學方便、順利。

過去，校長、教務主任可以巡視教學，現在則被認為干涉教學。但，學校同仁間應互相諒解，為求進步，不要反對巡堂。否則，教師的某些做法，會使行政人員無權、校務停頓。所以，不論老師是否兼行政職，都要正確看待學校行政的意義與價值。兼任行政時，努力達成各處室的功能；未兼行政時，則體察學校行政人員的職責，積極支持與配合。

以少子化來說，老師要如何因應教育市場的萎縮？重點應是，不管學校過去有多輝煌，先不要擔心學校會不會萎縮，只管將學生教好，尤其是品行方面，使家長感覺孩子變乖了。教得好，即使不住在這兒的學生，也會想進這所學校。入學時，學生來不來是一回事，中間走掉的，又是另一回事。老師若不設法把學生教得好一點，只是唉聲嘆氣、活在過去，就無法解決問題。

學校萎縮是校長的事，老師只要把握自己的教學原則，不管班上有多少學生，都要因材施教、把學生教好。老師個人的去留及聲望，不是第一考慮。一個負責任的老師，不受即刻的影響而改變自己的原則。只要還留下來當老師，就要「做一天和尚撞一天鐘」。先問眼前

的工作做好了沒有,不要一直為飯碗發愁。既然還沒走,就要好好教;如果只是發愁而不好好教,就是捨本逐末。

現代家長對老師的教學成果,有很高的期待。老師要先建立健康的心態,負起責任,不要一直問個人前途、只想將來。今天所做的就是那個「因」,就是你播下的種子。

2 堅持教育理想

　　曾任屏東南榮中學校長多年的好友陳純適，對學生用心、對教育堅持，常讓我驚訝及佩服。她卻說我具有教育理想，讓我高興又慚愧。比起她二十多年來繼承父志，將南榮中學經營得有聲有色，我的「教育堅持」實在不算什麼，只算「小事一樁」。這些小事，是從前的學生做得到，如今卻愈來愈做不到的上課「潛在規則」，如：準時上課、按時交作業、考前多讀書、專心聽課、上課參與、不任意缺席……等。有時我不禁懷疑，何不屈服現實算了？每節課「碎碎念」的結果，有些學生則說：「耳朵都快長繭了，老師你自己怎麼不煩？」善良的學生則說：「注重生活教育，幾乎成了淑俐老師的教學特色。」也有學生坦白的說，遇到我這種管太多的老師，等於抽到一支「爛籤」，實在太嚴格、太無趣了。

　　期末，有位研究生到我家吃飯，看到我興致勃勃的談起下學期的「教學計畫」，尤其是設法讓大學生準時上課、不蹺課、按時交作業、上課專心……等，忍不住想「點醒」我：「老師！你太理想化了，這些理想是不會達成的。」因為：

　　沒有多少學生認真上通識課（要不是教育部「規定」）。
　　沒有多少學生願意上早上八點的課（怎麼起得來）。
　　沒有多少學生能準時上課（何謂準時）。
　　沒有多少學生會每週都來上課（要不是老師「點名」）。
　　沒有多少學生買教科書（要不是為了考試）。

　　他要我放棄這些堅持，除非我夠「鐵腕」。當然，我不會放棄，還有學生嫌我不夠嚴格呢！新學期開始，我進行「課前協議」實驗，內容如下：

課前協議

立約人＿＿＿＿＿＿＿＿，選修週＿＿＿午＿＿時＿＿分至＿＿時＿＿分
＿＿＿＿＿＿＿＿＿＿＿＿＿＿課程，為達學習效果、師生合作愉快，
願意遵循下列上課規範，負起學習責任。

一、「授課大綱」視同上課契約，清楚上課進度及評分方式。

二、重視自己的學習權益，如有疑問、建議或學習困難，儘快向老師反應。

三、尊重其他同學的上課權益，不在課堂上用餐、打手機、聊天⋯⋯。

四、準時上課（上課時間一到，即不得進入教室；遲到者20分鐘後統一進
　　入，之後視同曠課）。

五、遵照學校規定請假，缺課達12小時（曠課部分以3倍計算）扣考。

六、準時交作業（逾時不收）。

七、負起小組成員的責任，樂於與人合作，切實做好分配的工作。

八、專心上課，不做與課程無關的事。

九、上課不睡覺，不小心睡著，願意接受老師或學伴之提醒。

十、我與學伴共同努力、相互督導。

　　　　學伴是1.＿＿＿＿系＿＿年級＿＿＿＿＿＿＿＿＿
　　　　　　　2.＿＿＿＿系＿＿年級＿＿＿＿＿＿＿＿＿

立約人（簽名）：

學伴（簽名）：

中華民國　年　月　日

　　經過一學期的「教學實驗」，以「1」至「10」分代表成效

（「6」分為及格），我的「自評」結果如下：

一、「授課大綱」視同上課契約：7.5分

授課大綱是學習的「基本盤」（含教學目標、進度、方式及評分標準），可確保教學品質，是師生共同的承諾。每年寒暑假，我總要花許多心思來設計；因為，授課大綱的好壞，幾乎決定教學成敗的80%。學生將授課大綱視同契約後，不像從前那麼「輕忽」它的價值了，多能妥善保存，也能依據大綱的安排進行小組報告或繳交作業，不再被動依賴老師提醒。實驗成效不錯！

二、有疑問、建議或學習困難，儘快向老師反應：7分

我國學生較為壓抑或被動，不太敢或不太想與老師親近及互動。所以我儘量表現出和藹可親的樣子，讓學生產生信賴感、放鬆防備心。為此，在課後我花了不少時間與學生相處，包括請學生在校內餐廳或到我家吃飯。以在校時間來說，例如每週四下午1點到5點在世新大學上課，課前（甚至從上午10點開始）就與學生有午餐的約會，幾乎每週都有學生主動與我約談。學生到我家吃飯的頻率也頗高，有時一週高達3次。如此一來，與學生接觸的「量」增加了，但「質」的部分還待加強。

三、不在課堂上用餐、打手機、聊天或隨意進出：9分

這個項目的成效十分顯著，快要滿分了。有了「課前協議」，學生上課時用餐、打手機、聊天或隨意進出的狀況大幅減少。極少數「仍在用餐」的同學，稍微提醒就立即停止；即使我說：「吃完沒關係」，他們也情願讓熱熱的湯麵糊掉，不再繼續吃。有些老師體恤學

生而允許學生用餐,只要老師覺得不妨礙學習,亦可彈性通融。我也會將教學活動設計得很緊湊,使學生沒多餘時間可以用餐。

四、準時上課,遲到者不得進入教室:7分

這個項目,我有些得意、也有不安;得意的是「鎖門策略」的效果不錯,準時上課的同學增加了,大家較能專心上課了。不安的是,不少同學因為做不到準時而「提前陣亡」(缺席太多而扣考)。也有同學自動將上課時間延後20分鐘,等老師開門後再進教室,仍未養成「準時上課」的習慣。所以,以後我不鎖門了,回歸學生自我管理,準時上課者可獲「出席率」分數(或加分)。

五、缺席要按學校規定請假:6.5分

這個項目我打了6.5分,因為某些學校或某些學生的缺席率太高了。從前我只是依法處理,未給予「個別關懷」,這部分我要改進,包括在加退選階段時,了解學生的選課動機,促成正確選課(或退選)。之後則要與常缺席者個別會談,或將缺席名單提供給各系及教學發展中心,啟動輔導網路或預警系統,及時關懷及協助學生。

六、準時交作業(逾時不收):7.5分

這部分的表現也是進步顯著,以往每到期末,我總擔心同學漏交或遲交作業,甚至還要「追討」。嚴格執行「逾時不收」的協議之後,學生「積極」起來,生怕自己缺交某項成績。之後我又改為「以組為單位」一起交作業(紙本或電子檔案),以及提前一兩週後交期末報告,缺交的情形就幾乎消失了。

七、負起身為小組成員的責任：6.5分

大學階段的分組活動很多，許多同學常有團隊合作「不愉快的經驗」。因為有些組員不太參與，未做好分配的工作，以致影響全組的士氣與成果。這學期，大多數小組的團隊合作程度都提升了，不少組員還因為榮譽心而產生了「革命情感」。但仍有小組因不合作而分崩離析，達到「滅組」的地步。對於這種「解組」現象，日後我要提前預防，儘早了解各組的團隊互動狀況，必要時協助改組、拆組、併組。之後，我更想積極的交付「小組任務」，使他們為了達成任務而團結起來。

八、上課專心，不做與課程無關的事：7.5分

這部分也進步顯著，以往我會猶豫要不要制止學生上課時做其他無關的事？於是與自己生悶氣。而今則可名正言順要求他們上課專心，因為心情安定與專注，才會有學習收穫。積極的作為則是，設計多樣化、活動化、互動式、競賽式的教學活動，讓學生不得不專心。

九、上課不睡覺：8分

這部分也是實驗的「奇蹟」，如今我已能理直氣和的「關心」學生：上課為何睡覺？或要求學生「撐著不睡」。於是，上課睡覺的情況大幅下降。

十、學伴的相互扶持：3分

學伴是為了相互鼓勵及提醒，具體達到減少缺席、遲到，或提醒交作業的目的。這個項目我只打了3分，離「及格」標準尚遠。因為

我並未教導學生「如何當學伴」，所以這部分未發生功效。之後我改為由各小組組長及組員互相關心、提醒（一起交作業），這種團隊的凝聚與情感呼喚，效果較顯著。

　　我還試著將全班學生分為各種工作小組，共同促進學習效果。如班長組（訂購教科書、印講義）、點名組（上課一開始的鎖門及20分鐘之後的開門，確實點名）、座位組（安排及排列各組座位）、作業組（提醒及收發作業）、康樂組（上課前暖場，講笑話、猜謎語、看爆笑短片、自彈自唱）、環境組（下課後擦黑板、關燈、關空調、撿垃圾），效果也不錯，老師們可依各校及各班狀況，自行斟酌或轉化運用。

　　其實，學習成果中，學生只需承擔20-30%的責任，學校制度與環境占40-50%，老師的教學效果與責任也占30-40%。這樣說並非寵溺學生，而是因為學生是來學習的，學校及教師「有責任」安排最佳的學習環境，激發學習的動力與潛能。

3 累了、倦了，那不會是我！

為了避免教學倦怠或教學士氣低落，要積極尋找教學楷模或教學教練。哪些老師可擔任楷模或教練？如幽默風趣、積極樂觀、師生感情很好、帶班能帶心、教學絕妙、受人歡迎等。觀察他們如何維持教學熱忱？他們是怎麼培養高EQ的？教師「情緒管理」的重點包括：

1. 如何保持活力、熱情，避免職業倦怠？
2. 如何保持笑容、愉快，避免對學生感到不耐煩？
3. 如何保持情緒穩定、自我控制，不被學生激怒而情緒失控？
4. 如何不壓抑情緒，真正冷靜及放輕鬆的教學與處理學生問題？

要做到「教不厭，誨不倦」，絕非「自欺欺人」假裝好脾氣、不在意，而要有更深沉的體悟與支持力，如：

1. 具有「使學生的明天會更好」的使命感，「因為我而使世界更美好」的責任感。
2. 教學真正的快樂是：只問耕耘，不問收穫；只管付出，不求回報。如果有了要學生回報的心，就不快樂了。
3. 滿足於可以得到學生及家長的信任、支持與喜歡，不將這些視為理所當然。
4. 教育的方向一旦確定，即不為所動、一往直前，絕不半途

而廢、為德不卒。

　　我在幾所大學任教，每月有十餘場專題演講，所以教學失敗及踢鐵板的機率相對也高。不斷從失敗中學習的結果，我發現自己的抱怨減少了、熱忱度相對上昇。有人問我：「為什麼你能愈教愈熱血呢？你怎麼保持教學熱情？」這個問題對於電影「海角七號」導演魏德聖來說，更常聽到，他回答：「一般人喜歡把熱血、夢想放到很高的位置，但對我來說，大多數時候都很簡單，只是做想做的事，慢慢、慢慢把它做到最好。」（Cheers，2010年10月：71）

　　我的回答更簡單：「教學熱血，不是應該的嗎？」如賈馥茗教授說：「成熟就是知道自己應該做什麼，而且能做到。」「應該」是「義務感」（duty），是自己認為「應該做而自動做」，是心靈的最高層次、最高的道德，沒有外在規定，是無條件的。

　　保持教學熱情，是我多年來逐漸修正的結果，關鍵在「積極正向的心態」；當然我的道行還不深，仍在「修練中」。

積極正向之一：放寬心情

　　為什麼要「放寬心情」？2010年金曲獎入圍的最佳歌曲「在樹上唱歌」（郭靜演唱），有段歌詞說：

　　不想對每件事都那麼嚴格，弄得全世界好像只剩挫折。
　　愛一朵花不猜它能開多久，放寬的心情，把什麼都變美了。

　　從前我總擔心或想像上課會發生哪些問題，因而防衛心很重，容易對學生失望、生氣。而今，我較能採取聖嚴法師「面對它、接受

它、處理它、放下它」的四它精神，將「有問題」當做再自然不過的事，不需誇大，但也不忽略或故意淡化它，而是更慎重的處理。相信能獲得較圓滿的解決，使教學的「今天會更好」。

例如，洪蘭教授因大學生上課時啃雞腿、睡覺，而感嘆「不想讀，就讓給別人吧！」我也認同上課不該啃雞腿，但若他已經啃下去了（或吃便當、早餐），立即「變臉」與制止，可能會傷到學生自尊，師生雙方同感難堪。即使學生不吃了，心裡可能不服。萬一學生繼續吃，老師的「下一步」要怎麼辦？趕他離開教室嗎？

現代學生一旦惱羞成怒，常會以激烈的方式與人對立；近日發生的兩起學生不讓座事件，其一，新竹市某國立大學的學生，在公車上坐博愛座，不僅不讓座給73歲的老先生，還情緒失控的打老人家四拳。其二，臺中市某國小六年級學生，不服60歲的伯伯強迫他讓座，而頂撞：「兇什麼兇？欠扁啊？」雙方互嗆十分鐘。

若老師不能接受學生的某些言行，要從「放寬心情」開始，不要立即以嚴格標準看待，才不會有受挫感。例如，要求學生「上課不進食」，可「人性化的」表示，在教室外吃完再進來上課，或提早到教室來吃。以我任教的大學來說，有兩校能完全遵守；兩校經提醒後（通常等他們快吃完再說，且不指名道姓），就不再犯。但仍有兩校將「上課進食」視為正常，於是我只好「假設」他們非常需要營養，「相信」他們會快快吃完而專心上課。所以「睜一隻眼閉一隻眼」，不讓彼此尷尬，課後再關懷他們：「為何這麼晚才用餐？」

積極正向之二：盡力協助

學生上課遲到、屢勸不聽，曾令我十分苦惱，總認為他們明知故犯。但，嘮叨只會使準時的同學厭煩，遲到者則充耳不聞（或真的沒

聽到）。我的「山不轉路轉」之計為：

1. 學生遲到是因為還不「理解」學習的重要，這是教師的責任。
2. 要學生準時上課，就要先關心他們的生活作息，教導他們「時間管理」的技巧，這還是老師的責任。

我會加強「上課內涵」與「評量技巧」，讓學生理解學習與人生的密切關聯。也設法了解遲到的個別原因，盡力協助他們克服障礙。

缺曠課部分，除了「依法處理」外，也會以「同理心」了解原因，盡力維護他們的學習權益。

積極正向之三：具體指導

從前看到學生在小組討論時發呆、聊天、做其他事，以致口頭報告時狀況不佳，都會生悶氣，然後又開始「說教」。現在則會花時間指導學習的方法與態度，使學生有能力討論及上臺報告。「工欲善其事，必先利其器」，要學生樂在學習，就要先給他們學習的工具，這也是老師的責任。

遇到態度不佳或學習成果不理想時，不要先斷定學生「不用功」，也許是還沒找到合適的學習策略。「盲目的」用功，不只「事倍功半」，更會對學習產生痛苦的感受、逃避的心理。所以，要為學生「客製化」學習的策略，當他成績進步、建立自信心了，自然願意好好學習。

有一次我到某大學演講，説：「在你國、高中時，可能為了某個科目花很多時間卻不能突破而痛苦、灰心，這不全是你的錯，老師也沒有幫你找到適合的學習策略，請你原諒老師！」臺下有個學生邊聽

邊抹眼淚，大概是想起從前被錯怪「不用功」或「太笨」，而深覺委屈吧！不少學生由於沒有足夠的學習能力，或不知有效的學習策略，而成了考試的失敗者；之後一直活在自卑與失敗的陰影中，實在可惜！

現在我不再以「不用功」這個籠統理由，來看待學生的學習成果。而是客觀了解他們的學習狀況，給予具體的指導（包括額外的付出），如此才能「師生雙贏」。學生感激老師的個別指導，老師也因學生的進步而感到欣慰。學習的診斷與補救，也是教師的責任。

積極正向之四：永遠相信

旅日紅星翁倩玉演唱「永遠相信」一歌，頗能激勵熱血及熱忱。

永遠相信遠方，永遠相信夢想，走在風中雨中都將心中燭火點亮。

給你溫暖雙手，給我可靠肩膀，今夜可以擁抱、可以傾訴，忘卻徬徨。

老師應該相信「人性本善」及「人心向上」，承認學生本性是積極進取的；學習成效不佳，通常是「力不從心」、「觀念或方法不對」。老師要給予同理了解、更多鼓勵，教導他們時間管理及讀書計畫的技巧，包括充足的睡眠及休閒運動，不要錯怪學生懶惰、被動、不知長進。尤其在學習開始時，標準不要太高，甚至可以不訂標準，只要學生有一點點進步，就要大大嘉許。

老師對學生採取積極正向的態度，對自己也一樣。為了成為更

好的老師，要不斷更新教育觀念、尋找教學策略。唯有積極正向的心
態，教育的熱血才能源源不絕。

4 挽救教學挫敗

　　國內師資培育課程的「教學理論」，幾乎都來自歐美，忽略了中華儒家哲學的部分。賈馥茗教授說：「禮記學記篇是最好的教學理論，可惜我們卻拿著金飯碗討飯吃，只學習西方的東西。」

「夏楚二物，收其威也。」先哲也贊成體罰嗎？

　　「夏楚二物，收其威也。」這句話出自〈學記〉篇「大學始教」，是指教學開始時，需要有些儀式，如祭祀、歌誦及宣布教室常規。教室內擺放教鞭（夏楚二物）是為了「警惕」，表示學習的鄭重嚴肅。但在整篇〈學記〉中，並沒有打人的紀錄。

　　賈老師說，而今上課的儀式已簡化為教師進教室、班長喊口號：「起立，敬禮，坐下」，然後全班一起行禮。以大學生來說，不應該再要班長叫口號。看到老師進入教室，自己就該站起來，鞠躬後自行坐下。後面同學看到前面站起來，也跟著起立鞠躬。有些老師不喜歡這種形式，所以取消這些禮儀；但，就算不用對老師行禮，見到別人還是需要有一番敬意。中國的「禮」，是把自己的身段放低、抬高別人（《禮記‧曲禮》上：「夫禮者，自卑而尊人。」）每個人都喜歡得到別人尊敬，不喜歡橫眉豎目；所以，將心比心，自己也要表現對別人的敬意。

教者、經師、人師的差別？

　　「教者」只教文字，講得很多，效果卻不好，按今日的說法，就是「教學不力」。「經師」只是教書，末流變成咬文嚼字。「人師」

則不只教「義理」，更兼教導如何「為人」。

一、教者的弊端

「教者」是不稱職的教師，教學不力的狀況如：

1.只知道皮毛。

2.講解時翻來覆去、囉哩囉唆。

3.只管按課本「進度」，不能按學生「程度」。

4.只求教完，卻不關心學生學到多少。

如此，學生不但學不好，也討厭老師。覺得學習很困難，不知道學習的好處。老師教完了，學生跟著馬上忘記。（「隱其學而疾其師，苦其難而不知其益也，雖終其業，其去之必速。」）

二、人師的條件

「人師」則能做到下列四項：

1.博喻

知道學習有深淺的次第，了解學生個別的優缺點。擁有豐富的學識和經驗，能多方解釋使學生明白。（「君子知至學之難易，而知其美惡，然後能博喻；能博喻然後能為師。」）

2.知道學生學習的缺失

能看出學生求學的缺失，包括：貪多而不求甚解、學了一些就算全知道了、以為很容易而不用心學習、只學一點點就不肯再深入。老師需要明白這些學生的心理，才能挽救學習的缺失。教育目的就是要

培養、增長學生的優點，挽救其缺失。（「知其心，然後能救其失也，教也者，長善而就其失者也。」）

　3.「善待問」及「聽語」

　　若只把自己知道的講解一遍，並不足以為人師。一定要先聽學生怎麼說、怎麼問，再來解釋與回答。如果學生不懂該如何發問，再來直接的講述。如果說了學生還聽不懂，就暫時不要教了，這也算是「因材施教」，因為聽不懂卻強逼他並沒有用。（「必也聽語乎，力不能問，然後語之；語之而不知，雖舍之可也。」）

　　老師等待學生發問，就像敲鐘一樣；輕輕敲就回答少些，用力敲就回答多些；要針對學生問題的難易度來回應。學生領會之後，才能從容不迫、由易而難的學習。（「善待問者，如撞鐘，扣之以小則小鳴，扣之以大者則大鳴，待其從容，然後盡其聲。」）

　4.教導學生「如何學習」

　　教導學習的方法，使學生把握學習的訣竅，這樣教起來才容易，學生也覺得收穫豐碩。反之，老師教得很累，學生一知半解、還埋怨老師。善於學習者要善於發問，好比鋸堅硬的木頭，從容易的開始鋸，再鋸較硬的枝節。這樣的學習，師生雙方能互相了解，彼此都很高興。（「善問者，如攻堅木，先其易者，後其節目，及其久也，相說以解。」）

何謂「嚴師」？

　　「教不嚴，師之惰」（《三字經》），「嚴」與「惰」相對，「嚴」為嚴格。後儒將「嚴師」解釋為「師嚴道尊」，以為老師嚴格才能維持「道」的尊崇地位。其實，「嚴」應指「尊敬」，由尊敬老師，進而重視道統。

　　〈學記〉篇「嚴師為難」的「嚴師」，是指「嚴格選擇老師」或「善於選擇老師」。只有選了最好的老師，老師是適任的，學生才會重視學習；所以「嚴師」是學習的第一步。以現代的「擇師」方式而言，能「考出」好老師嗎？教育工作不能「紙上談兵」，「教師品格」是無法考出來的，必須試用一段時間才會知道。以何種管道來考評老師，是我國目前要徹底檢討的部分。

　　「師嚴」也可以指「老師尊重自己的任務」，如此學生才會仿效而勤學。老師知道「教學」不是件容易的事，所以會自求進步、不斷充實自己。

教學最重要的訣竅

　　教學訣竅主要有「善諭」及「繼志」兩項：

1.善喻

　　最佳的教學，應秉持下列三項原則：

(1)引導而不強迫（道而弗牽）

　　應以「啟發」而非「注入」的方式。唯有老師擁有豐富的知識和經驗，才有足夠的材料引起學習動機，讓學生在自然、溫和的狀況下學習。

(2)鼓勵而不壓制（強而弗抑）

　　應避免批評、責難、壓抑及貶抑學生，要多鼓勵，讓學生感覺學習是容易的。

(3)為學生說明、解釋，但不說到底（開而弗達）

　　應指導學生思考的方法，讓學生自行思考、自己領會。

2.繼志

　　善於教學的老師，能使學生有決心及意志、自動自發的學習，

以克服學習的困難。好老師的說話訣竅是：簡單明瞭、含蓄而允當、少舉例卻能說得明白。（「其言也約而達，微而臧，罕譬而喻。」）

　　《禮記・學記》雖是兩千多年前的儒家思想，卻經得起時間的考驗，足為現代教學的指南。

第四篇　正向管教

──壓力適度的教學與輔導

1 積極正向的教育

　　在師資培育的「輔導原理」課程，我與學生談到「正向管教」；除了因為我國立法「禁止體罰」外，更因這是比體罰更好的教學與輔導方式。課後，電子信箱中，有一封該班學生的來信。

　　昨天談了很多關於體罰學生的問題，讓我想起國中的事。以前我是個很乖的學生，就是把老師的話當聖經奉行的那種。我不懂的是，非常服從的學生，就是好學生嗎？也許變壞的機率較小，但相對的創造力也被抹煞。我覺得亞洲學生很不敢表達自己的看法，與外籍生一起上課，這種現象更加明顯。

　　老師昨天提到一群學生被罰跪的例子，我想那位老師太急著樹立自己的權威，忘了「處罰」應該要「達到教育目的」，不是為處罰而處罰。有些老師一直強調自己的權威，好像學生表面的畏懼代表真正的順從，這種心態很可笑、也很可悲。對一個人的「尊重」，不是這樣建立的。老師這麼做，其實是把「自己的尊嚴」看得比「學生」重要。

　　我父親也在我就讀的國中任教，2006年教育部宣布禁止體罰時，我曾和他討論這個議題。他強烈地反彈，認為學生從此「無法無天」，老師會「管不動」。我想，或許他也認為，好學生就是要順從吧！當然我們無法達成共

識……。

　　另外，您提到有些老師把「一百分」設為標準，少一分打一下，我國中的導師也是這樣。對學生的要求很高，很少稱讚。以我來說，如果模擬考成績進步，她就說：「你進步得還不夠」。某次比賽我拿了第二名，她說：「是不錯，但你知道跟第一名的成績差多少嗎？」我知道她求好心切，希望學生能自我超越；但這麼努力還得不到老師的認可，實在很挫折。也讓我在求學過程中，自我要求很高、處處講求完美。雖然這對學習有幫助，但也變得不夠自信，總覺得自己還要更好。

　　完美主義之下的學習，很累人，而且難有成就感。所以，我非常反對這種作法！這樣會讓學生變得很不快樂。這種價值觀，會不知不覺影響學生很久、很久……。

　　看到這位準老師的感慨，除了「同理」他的不快樂之外，更期盼他能將痛苦轉為正向的力量，避免他的學生將來進入相同的「輪迴」。多年來教育主管機構三令五申禁止體罰，但不少老師還是將體罰當做主要的管教方式。除了可能造成學生的外在傷害外，內心的創傷與困惑，也成了一輩子的陰影。

　　為引導教師以其他方式取代體罰，教育部於民國92年5月30日頒布「學校訂定教師輔導與管教學生辦法注意事項」，加上「教育基本法」第八條修訂（95年12月27日）：「學生之學習權、受教育權、身體自主權及人格發展權，國家應予保障，並使學生不受任何體罰，造成身心之侵害。」所以「教師輔導與管教學生辦法注意事項」修正

（民國96年6月22日），明訂「不得體罰」（第三十八條）及「違法處罰」項目（詳如附表一）。

附表一、教師違法處罰措施參考表

違法處罰之類型	違法處罰之行為態樣例示
教師親自對學生身體施加強制力之體罰	例如毆打、鞭打、打耳光、打手心、打臀部或責打身體其他部位等
教師責令學生自己或第三者對學生身體施加強制力之體罰	例如命學生自打耳光或互打耳光等
責令學生採取特定身體動作之體罰	例如交互蹲跳、半蹲、罰跪、蛙跳、兔跳、學鴨子走路、提水桶過肩、單腳支撐地面或其他類似之身體動作等
體罰以外之違法處罰	例如誹謗、公然侮辱、恐嚇、身心虐待、罰款、非暫時保管之沒收或沒入學生物品等

在「教師責令學生自己或第三者對學生身體施加強制力之體罰」的部分，昔日常見的是老師授權給班長（或其他幹部），代替老師對違規學生行使體罰權，這也算是違法處罰。

與不得體罰相類似的還包括：

1.「禁止刑事違法行為」——誹謗、公然侮辱、恐嚇等（第三十九條）。

2.「禁止行政違法行為」——構成行政罰法律責任或國家賠償責任之行為（第三十九條）。

3.「禁止民事違法行為」——侵害學生權利，構成民事侵權行為損害賠償責任之行為（第四十一條）。

老師常以「愛之深」為由，而對學生「責之切」，稍一不慎即可能超越「界限」，傷及學生自尊、羞辱學生。如報載（林紳旭，2008），臺北市某國中老師對某位中輟生說：「政府給你錢念書，根本是浪費錢、浪費資源，你是米蟲、笨蛋！」讓學生因此非常自卑。他的家庭是低收入戶，父親因癌症往生，由母親獨力撫養三個子女。母親難過的說：「難道家境不好，就要受到歧視？」

臺北市比全國更早實施「禁止體罰」措施，教育局於2004年12月17日邀集全市各級學校校長，參與「臺北市教育人員零體罰總動員共同簽署大會」；盼落實「零體罰」政策，保障學生權益。教師若違反此政策，記大過懲處。何謂體罰？臺北市教育局解釋：以「身體方面的責打」、「體能方面不適切的責罰」，以及「語言方面不符教育目的的責備」，而致造成學生身體及心理傷害，或影響學生受教權者（如趕出教室）。

當時的教育局長吳清基強調，這項政策並非找老師的麻煩，而是教育需本於愛心與熱忱，不該以暴力造成學生身心受創。吳清基以大法官會議釋字第382號解釋文為例，傳統認為師生關係屬「準親子關係」及「特別權力關係」的觀點已被打破；憲法要保障學生基本人權，體罰是反教育的行為，不該見容於社會。吳清基補充，校方該檢討校規、班級公約，並提出有效的管教配套，「不體罰不表示不可以處罰」。臺北市國中家長聯合會及國小家長聯合會認為，體罰是「情緒性宣洩式管教」，該加強實施教師的情緒管理課程。

學生成績狀況不佳，應針對原因輔導；若老師一律以處罰方式處理，則無法確實輔導不同智能及家庭狀況的學生，學生也不會真正的進步。處理學生行為偏差亦然，需要探討個別原因，再決定後續的輔導。總之，在還不了解事情真相之前，不應做立即性、表面性、懲罰

性的處理。

　　某次，我教授「教師人際關係與溝通」課程，有位高中老師分享一則學生頂撞老師的事件，他的處理就非常理想。

　　早上第一堂課，A生未到；風紀股長告訴老師，A生已在上學途中。十分鐘後，A生無精打采的進入教室，老師提醒他課程進度；不久，A生竟趴下來睡覺。老師觀察幾分鐘後，試著叫醒他，要他出去沖把臉、提提神。不料A生回嗆：「少管我」，神情及語氣都十分不耐。老師反省自己的態度，自認相當和緩，不知A生為何火大？以A生平日的表現來看，雖然說話有時較衝，但不至於討厭老師。於是他決定「冷處理」，請A生下課後再來找老師；然後繼續上課，A生則趴下來繼續睡。

　　下課前幾分鐘，A生突然舉手，站起來說：「老師，對不起！剛才我不是故意的。因為昨晚太晚睡以致遲到，出門前已經被父親念了一頓，到教室還很想睡，沒睡飽又被老師叫起來；加上自己本來就有起床氣，才會大發雷霆。其實發完飆，我就後悔了，只是一下子不知如何處理，只好假裝繼續睡，其實心裡很緊張。」老師聽完，趁此向全班機會教育：「幸好我們師生之間，平日建立了足夠的信任與穩定的情誼，才能給彼此機會耐心等待，沒有急躁的根據行為表相來處理。否則不僅錯失瞭解真相的機會，也可能因為處理不當，而造成師生的誤會與裂痕。」接著又提醒：「不要因為幸運的被寬容，就期待別人都應該給你

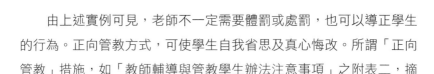

闖禍後的諒解或包容。平常應學會拿捏言行的分寸，因為所有後果都要由自己概括承受。」A生若有所思……。

由上述實例可見，老師不一定需要體罰或處罰，也可以導正學生的行為。正向管教方式，可使學生自我省思及真心悔改。所謂「正向管教」措施，如「教師輔導與管教學生辦法注意事項」之附表二，摘要如下：

1. 先以「同理心」技巧，讓學生覺得被了解，再給予指正、建議。

2. 清楚說明或引導學生討論「為什麼不能做某種行為」，當學生沒有或不再做出該行為，儘速且明確地加以稱讚。

3. 具體引導學生做出某種良好行為，說明或引導討論「為什麼要做這種行為」。當學生表現該行為，明確地加以稱讚。

4. 利用討論、影片、故事或案例討論，以及角色演練、經驗分享等，協助學生了解不同行為的各種後果，使學生因認同而願意自我管理。

5. 用問句啟發學生思考行為的後果，增加學生的自我控制能力，鼓勵學生做出理性的抉擇及自主管理。

6. 對學生的負向行為給予指正之前，先讚美正向行為，促進師生正向關係，增加學生對負向行為的改善動機。

7. 具體告訴學生「某行為不好或不對」，而不是他「整個人不好」。

2　「正向輔導與管教」的法律基礎

儘管「愛之深，責之切」，但老師還是要尊重及維護學生的權益，「依法」實施輔導與管教。

學生的權益

學生在法律上的權益，主要有下列六項（摘自黃旭田，2009）：

1.健康權

教育（包含輔導管教）的底線，是不能讓孩子的身心受到傷害，所以「罰站」最多以同一節課為限，這不僅是比例原則，也要注意學生的體力負荷。另外還要留心罰站地點的四周，有否危險物品。

罰跑操場前，應先向健康中心取得學生健康資料，注意有否心臟病或其他先天性疾病。還要小心，實施任何處罰，絕不能讓學生獨處，以免緊急事故發生時，無法立即急救處理。

2.自由權

輔導管教時，不免對學生的行為與舉動做出限制；但這種拘束，有一定的界限。可以罰他獨自沉澱一下浮躁的心情，但不能把他關在一個房間裡一整天。

3.人格權

學生的人格權至少包含自尊、隱私、姓名、肖像等部分，老師可訓示學生某些行為不當，但不能罵學生；「責罵」不僅傷及學生自尊，也會使學生產生負面情緒，難以期待他自我反省。除非正當理由，否則老師無權刺探學生隱私。老師有權要求學生停止對同學的不

雅綽號，自己也不可使用不雅綽號來稱呼學生。不論學生或老師，都不可對別人的肖像揶揄、嘲弄、毀損。

4.受教權

不可因實施輔導管教而剝奪孩子的受教權，例如罰站地點仍應聽得到講課、看得到黑板。絕不可施以「不可以來上課」的對待，也不可故意否決孩子學習的機會（例如對孩子的舉手發言，完全不予理會）。

5.平等權

輔導管教之實施，有「因人而異」之可能，但必須架構在正當的理由上，否則不可有差別待遇。

6.財產權

違禁物外，老師沒有權利沒收學生任何私人財物；只能暫時保管，在適當時機交還給適當對象。

合法的輔導與管教措施

「教師輔導與管教學生辦法注意事項」與「正向管教」最相關的條文如下：

一、輔導與管教學生之目的（第十條）

（一）增進學生良好行為及習慣，減少學生不良行為及習慣，以促進學生身心發展及身體自主，激發個人潛能，培養健全人格並導引適性發展。

（二）培養學生自尊尊人、自治自律之處世態度。

（三）維護校園安全，避免學生受到霸凌及其他危害。

（四）維護教學秩序，確保班級教學及學校教育活動之正常

進行。

由此條文可知，輔導與管教除了導正個人行為外，也需維護其他同學之學習權益（校園安全、教學秩序）。條文中也提及防治霸凌的部分，提醒學校或老師了解其嚴重性。

二、輔導與管教學生之基本考量（第十四條）

教師輔導與管教學生，應先了解學生行為之原因，針對其原因選擇解決問題之方法，並視狀況調整或變更。教師輔導與管教學生之基本考量如下：

（一）尊重學生之學習權、受教育權、身體自主權及人格發展權。

（二）輔導與管教方式應考量學生身心發展之個別差異。

（三）啟發學生自我察覺、自我省思及自制能力。

（四）對學生所表現之良好行為與逐漸減少不良行為，多予讚賞、鼓勵及表揚。

（五）應教導學生，未受鼓勵或受到批評指責時之正向思考及因應方法，以培養學生承受挫折之能力及堅毅性格。

（六）不得因個人或少數人之錯誤而處罰全班學生。

（七）對學生受教育權之合理限制應依相關法令為之，且不應完全剝奪學生之受教育權。

（八）不得以對學生財產權之侵害（如罰錢等），作為輔導與管教之手段。但要求學生依法賠償對公物或他人物品之損害者，不在此限。

由此條文可知，輔導與管教需考量學生的權益及個別差異（身心發展及自制能力）。當學生改過時，即須給予鼓勵。且不可實施連坐法、剝奪受教權，以及罰錢等措施。

三、低學業成就學生之處理（第十九條）

學生學業成就偏低，未有第二十點第一項各款所列行為者，教師除予以成績考核外，應了解其學業成就偏低之原因（如是否因學習能力不佳、動機與興趣較低、學習方法無效、情緒管理或時間管理不佳、不良生活習慣或精神疾病干擾所致），並針對成因採取有效之輔導與管教方式（如各種鼓勵、口頭說理、口頭勸戒、通知監護權人或補救教學等）。但不得採取處罰措施。

此條文明確規範，老師不可因學生的學業成就不佳，就採取處罰措施。正確做法應是確實了解原因，然後對症下藥。除口頭勸戒、補救教學、親師合作之外，校方或老師若能藉此機會教導學習的方法、情緒與時間管理、調整生活作息等，更是「一舉數得」的治本之道。

四、教師之一般管教措施（第二十二條）

（一）適當之正向管教措施。

（二）口頭糾正。

（三）調整座位。

（四）要求口頭道歉或書面自省。

（五）列入日常生活表現紀錄。

（六）通知監護權人，協請處理。

（七）要求完成未完成之作業或工作。

（八）適當增加作業或工作。

（九）要求課餘從事可達成管教目的之公共服務（如學生破
　　　壞環境清潔，罰其打掃環境）。

（十）取消參加正式課程以外之活動。

（十一）經監護權人同意後，留置學生於課後輔導或參加輔
　　　　導課程。

（十二）要求靜坐反省。

（十三）要求站立反省。但每次不得超過一堂課，每日累計
　　　　不得超過兩小時。

（十四）在教學場所一隅，暫時讓學生與其他同學保持適當
　　　　距離，並以兩堂課為限。

（十五）經其他教師同意，於行為當日，暫時轉送其他班級
　　　　學習。

（十六）依該校學生獎懲規定及法定程序，予以書面懲處。

　　此條文明確規範教師合法的處罰方式，而且有具體限制，如罰站、暫時隔離的時間，以及如何轉送其他班級學習的程序。可取消學生參加某些活動，但必須是正式課程之外，以免剝奪其受教權。萬一這些管教方式都無效，或學生明顯不服管教時，第二十四條提到，如果明顯妨害教學現場活動，教師得要求學務處（訓導處）或輔導處（室）派員協助，將學生帶離現場（必要時，得強制帶離）。安排學生前往其他班級、圖書館或輔導處（室）等處，參與適當之活動（包括合理之體能活動）。

五、監護權人及家長會之協助輔導管教措施（第二十五條）

學生違規情形，經學校學務處（訓導處）或輔導處（室）多次處理無效且影響班級其他學生之基本權益者，學校得視情況需要，委請班級（學校）家長代表召開班親會，邀請其監護權人出席，討論有效之輔導管教與改進措施。

當班上某個學生的違規情形，嚴重影響到其他學生的學習權益時，班級或學校的家長代表可以召開班親會，請該生家長出席，討論如何改善該生的偏差行為。更嚴重時，學生獎懲委員會（第二十六條）可決定：交由監護權人帶回管教、規劃參加高關懷課程、送請少年輔導單位輔導，或移送警察或司法機關等處置。如果交由監護權人帶回管教，每次以五日為限，並應於事前進行家訪，或與監護權人面談，以評估其效果。帶回管教期間，學校應與學生保持聯繫，必要時，得終止交由監護權人帶回管教之處置。

至於「高關懷課程」（第二十七條）是指，抽離式編班，依學生問題類型，以彈性分組教學模式規劃安排課程（如學習適應課程、生活輔導課程、體能或服務性課程、生涯輔導課程等），每週課程以五日為限，每日以七節以下為原則。

遇到較難輔導的學生，不論請監護人出面共商如何管教、帶回管教（停學）、高關懷課程，或送交少年輔導、警察與司法單位等，重點均在幫助學生解決問題。若問題還包括家庭狀況與親職素養（所謂「高風險家庭」），可能需與社會局聯繫與合作，才能真正幫助學生。若有必要，不論其家長有否改善的意願，都要設法施以親職教育。這不只是學校的責任，更是國家的責任。否則，學生的問題只會在離開學校後延續及惡化。

如果教師情緒失控⋯⋯

另外，教育部還訂有「學校實施教師輔導與管教學生辦法須知」（96年6月22日訂定），下列情形之一，教師或相關人員得向學校尋求協助，學校宜配合安排具有輔導知能之教師或志工人力協助教師：

（一）教師自覺情緒失控或身心狀況不佳，不適合自行輔導與管教學生。

（二）教師輔導與管教無效或學生明顯不服輔導或管教。

（三）其他教師或相關人員發覺教師情緒失控或身心狀況不佳，輔導與管教無效或不當。

由此條文可知，教師若有「自覺」，而主動求助及暫停輔導學生時，這樣自然較好。否則，其他老師就有責任協助情緒失控或管教不當的同事，以免因而傷及學生身心健康。

但，老師的情緒失控或身心狀況不佳，涉及「教師法」當中規定（十四條）：「教師聘任後除有下列各款之一者外，不得解聘、停聘或不續聘：⋯⋯七、經合格醫師證明有精神病。」所以，有些老師就算有心理問題也不敢就醫，擔心留下紀錄而影響教職，以致其心理疾病未能及早治療。

「情緒失控」雖不一定是精神疾病，但老師也不見得肯承認自己需要「情緒管理」方面的協助。至於對某些學生輔導無效，或學生不服管教時，因涉及教師顏面或權威，更不甘「示弱」，也因此拖延了向外求助的時機。這些都是教師進修與成長中，必須深思及調整的議題。

3 窮則變，變則通

時代是不可逆轉的，只能彈性因應。這番體悟，對於老師也一樣重要，包括：

1. 時代必然改變，教學也須跟著調整，不能一直「活在過去」或「以不變應萬變」。
2. 資深教師教書愈久，愈要提醒自己掌握時代變化，警覺自己的應變能力是否足夠。
3. 年輕的老師也要知道，現在所面對的學生，和自己當年已是不同的年代了，不能再以相同標準看待。

不同年代的學生，樣貌自然相異。從前不會出現、甚至嚴重的問題，換個時代可能很常見、不算是問題。老師若以昔日的眼光及方式因應現代的學生，就可能落伍及踢到鐵板。對於下列問題，如今較適切的處理方式為何？

問題一：如何激勵沒有學習動機的學生？

各級學校的老師可能發現，愈來愈多學生「抗拒學習」，不像從前那麼「聽話」。表現於外包括：學習態度散漫、不積極、懶洋洋，成績不理想或一直沒有起色，對於老師的督促漫不經心、蠻不在乎。師生之間的節奏明顯不同，彷彿「急驚風遇上慢郎中」。如果老師多念幾句，學生即可能充耳不聞、臉色難看，甚至直接「回嗆」。

名作家亮軒曾在大學任教多年，是位叫好又叫座的老師；仍不免

因學生上課不用心，而寫「反書族」一文抒懷，他說（2005）：

> 有人就是坐牢，做苦工，也不肯讀書……要他們讀書，僅僅
> 比把他們打死好一點。……課要怎麼樣才開得成，讓他們肯
> 來讀書呢？首先要讓學生相信這一門課很輕鬆……最好不要
> 考試，最多交交報告就混過去。報告的字數萬萬不可多。千
> 萬不要點名，學生肯來就是榮幸，要把點名視為對自己的汙
> 辱。

　　這種現象的時代因素為何？從前，升學機會較少，大學聯考被稱為「窄門」，考上就能光宗耀祖。而今，升學管道非常多，老師難以期許每個學生都知道自己為什麼要讀書。另外，「少子化」的影響，不少大學面臨招生困境，只好設法使學生「留下來」，卻未必能使之「繼續學習」。父母的呵護備至，更使現代孩子「自我感覺良好」，就算犯錯也不肯承認。有個性、反權威、敢於表現，成為現代學生的樣貌。若這樣就歸類為「不服管教」，可能就失去「引導」他們的機會。

　　上課時，學生常以為自己懂了而不想學習，其實只知皮毛。與其浪費時間再三解釋，不如改由學生自己來說；既可確認他們了解的程度，也可適時提醒尚需加強的地方。學生「強不知以為知」，應以「消弱」及「詢問」的方式，間接指出他們疏忽的地方；不要直接批評，以免學生惱羞成怒，反將精力用在反抗上，增加了「反書族」的成員。

　　不僅是大學生，如何使不同年齡階段的學生，都能「投入」學習，將學習融入他們的生活世界（含心靈深處）呢？策略如下：

一、加強教室的空間設計

講究生活品味的人，藉由「室內設計」（專業或自行佈置），創造幸福空間。同樣的，講究教學效果的老師，也會設法打造適合學習、最能展現學習效果的教室環境。包括：

1. 整潔、美觀：如何維持教室的整潔（包括老師及學生的區域），進而美化及綠化，如：教室的粉刷、窗簾、盆栽、插花、班級壁報等，都可運用巧思。

2. 座位的規劃：小學教室大都採取分組方式，中學則僅在類似公民或輔導活動課程，才以分組或座談方式上課。以我在大學任教的經驗，分組或類似座談的馬蹄型排列方式，上課效果最好。在學期之初即要安排較佳的座位方式，否則即會事倍功半。

強烈建議所有科目的老師，為了使學生更投入學習、利於師生互動（而非容易分心、與同學聊天、做自己的事），一定要好好構思學生座位的安排。

3. 加強教室各角落及牆壁的機能性：幼稚園及國小教室最注意這個部分，教室會設置圖書角、休憩角、自我學習角等。中小學的專科教室，也屬於機能性教室。除此之外，其他老師也應思考如何布置或安排，使教室各角落都適合學習，而非靠近黑板的學生比較專心。

二、明確、合理的上課規範

「威宜自嚴而寬」（菜根譚），即使時代變遷，老師仍應堅持

「做對的事」；只要是正確的事，即應「教不厭，誨不倦」。所以老師要將學習態度巧妙融入教學內涵與評量中（當釣餌），確認學生明白上課的規範，並詢問哪些部分難以完成？需要怎樣的調整或協助？這些都是教學前的「預備工作」，如此才能「防患於未然」（《禮記・學記》）。

三、以加、扣分或團體競賽，激勵學生自動自發

「下君盡己能，中君盡人力，上君盡人能。」（《孫子兵法》）要讓學生動起來，就得設計激發學生潛能的學習活動或任務。遊戲或競賽，能讓學生全神貫注，為了破解困境、贏得勝利而投入。我在「溝通與口語表達訓練」等相關課程中，會舉辦校際辯論比賽（如政大、世新、國北教大、臺科大等四校聯賽）。藉由比賽使學生「正式的」學習如何立論、說理、團隊合作。為了與外校一較高下，甘願付出時間與心力。比賽結果不論輸贏，都會因親身參與而覺得收穫豐盛。

問題二：如何察覺與導正學生的問題？

昔日，學生大多循規蹈矩；少數態度不佳或屢勸不聽，就成了老師眼中的「叛逆份子」。而今，性格突出、個性鮮明的學生增多，較好的策略是「因了解而慈悲」；先「欣賞」他的特色，再「因勢利導」。例如，現代學生因課業競爭及缺乏手足經驗，普遍不善於與同學相處或合作，應「重新」教導。至於口出惡言或欺負同學，則屬嚴重問題，應防微杜漸、及早導正。

學生的錯誤有些類似浴室的防滑地磚，地磚的紋路容易藏汙納垢。即使是暗色的磁磚，仍有無法忽視的髒汙。若不處理，心理就會

產生微妙的變化，自欺欺人的認為：「並沒有多髒」或「那些汙垢根深蒂固、清不掉」。如果保有一絲改變的希望，肯耐心的一塊塊清洗，大半汙垢都能清掉。

學生也一樣，原本潔淨無瑕，受到環境汙染而失去原貌。「刷洗」後，仍可回復「人之初，性本善」的模樣。少數特別頑強的學生，只要「多刷幾次」，也能變回七、八成。

現代學生還有一些較明顯的共通問題，需要提早因應。如：團體作業時，能推就推、多一事不如少一事。所以老師要預先將學習活動與人分工合作的部分，明確訂定於課程內容與規範中。工作分配力求公平公正，輪流負擔較重或較繁雜的工作，避免勞逸不均。發現學生偷工減料時，應從嚴要求，糾正其心態。將「負責」與「互助」的品格教育，納入教學活動。讓學生明白，知識（硬實力）與品格（軟實力）缺一不可、相輔相成。導正學生行為的具體策略如下：

一、加強形成性評量

加強學習過程的「實作評量」──將所學運用於日常生活情境，例如：學習食物營養成分與健康飲食，實作評量可為，評估自己與家人的飲食是否健康、調整或重新設計三餐的菜單。也可以小組為單位，設計三天兩夜的營隊菜單。這樣就可以了解學生的理解程度，以及團隊合作的運作成效。

二、加強學生的自我評量

教學不僅要注重「如何教」，更要了解「學到什麼」。學期結束時，請學生自我評量，包括學習上的優缺點、收穫，還沒有學會的地方以及原因。這部分是我最近開始的新措施，效果感覺不錯。

　　覺察及改善學生的問題，要從平常做起，而且要持續一段時間才可能收效。細心覺察學生問題，以免惡化、坐大。一旦開始輔導的歷程，就要「好人做到底」（可能要額外付出許多時間、心力），幫助學生「真正」解決問題。所以才說，「教育是良心事業」。

第五篇　教育溝通

——老師的慎言與立言

1 教學表達更精彩

　　我家附近新開了一家藥局，在不遠處已有兩家大型連鎖藥局的情況下，我想，要做起生意，除了「勇敢」，還得有別的本事！我當然希望人家生意興隆，但不免想探個究竟。幾次接觸後知道，是三位藥學系畢業生共同「創業」。除了原本的專業知識及好體力（早上八點至晚上十二點）之外，他們與顧客溝通的成績，我給了八十分以上。因為，他們能面帶笑容及注視顧客，能耐心傾聽以了解顧客的需求，說話速度也不急促（否則有敷衍之嫌）。可以加分的是，他們的裝扮乾淨清爽，加上「年輕」這個有利條件，讓人頗有好感。喔！漏了一點，他們還懂得給顧客折扣或附上小贈品。由此可見，不論從事何種專業，想要真正服務顧客，仍需透過「溝通」這個媒介。

　　任何工作都不免要「與人溝通」，包括「外部溝通」——與顧客或其他合作機構，以及「內部溝通」——與同事、上司、下屬。我們可將工作上所有的溝通對象都視為「顧客」，這會提醒我們更注重溝通技巧與效果。「專業能力」（硬實力）加上「溝通能力」（軟實力），才能使事業成功。

　　溝通要避免理直氣壯、得理不饒人，也不應敷衍了事、漠不關心。失言的損失是難以估計的，不管得罪的是小生意或大顧客，累積起來都十分可觀。反之，用心溝通就像以一條「拉住」顧客的線。例如，我愛養魚，馬路旁有間水族館，老闆、老闆娘及店員三人的說話方式就截然不同。店員或老闆不太說話，等我挑選好，再請他們來撈魚。只見他們動作迅速，我還來不及說出是哪條，魚已在網內了。付錢離開前，若不特別「請問」如何養魚，他們則不開金口；即便回答

也十分簡潔。所以，買回去的魚若很快「歸西」，我就會「賴」給他們——撈給我的魚不健康。

前兩天我去買魚，只有老闆娘在。她竟將魚網子交給我慢慢挑，而且一再說：「養魚沒有那麼難」（重複三次）、「我的魚都很健康」、「不要擔心水溫，金魚不怕冷」、「回去兩天不要餵食喔」。看到老闆娘微胖、有些像金魚的臉，吐泡泡似的說出一堆話，頓時覺得「養魚真的沒有那麼難」（以前都認為「養魚如果那麼簡單，水族館吃什麼？」）回到家，看到魚兒游來游去，似乎特別健康（以前都擔心活不長）。我想，就算魚死了，我也不會「怨恨」老闆娘。

老師為什麼要注重溝通技巧？因為，教育溝通不僅有廣義「顧客服務」的意味（與其他行業相同），教師說話還帶有「身教」與「境教」的意義（賈馥茗，2007：222）：

> 教師能把握「說話的藝術」，使學生「耳濡目染」，涵融成胸中的「平和之氣」，則在「出辭吐氣」時，便不致出現「暴戾」的氣勢。

「一言興邦，一言喪邦」，這句話出自《論語・子路篇》，魯定公問孔子：「一言而可以興邦，有諸？……一言而可以喪邦，有諸？」孔子回答，一句話的力量，當然沒有這麼大；但如果說話的人是國君，那就不同囉！所以要知道「為君之難」。同樣的，老師的話也有很大的力量，可使灰心喪志的學生站起來，也可能摧毀學生的自信。為人師者不僅要慎言，還要積極的立言。

教師的說話藝術，表現在教學及人際關係的經營（包括師生關

係、親師關係、教師同儕關係等）。藉著說話藝術或表達能力，可展現教師的「專業度」與「精緻度」。在教學表達方面，要點包括：

服裝儀容

老師雖不像新聞主播或節目主持人，要講究穿著或有專人做形象設計。但為凸顯專業、吸引學生注意，仍應穿著剪裁合身、色澤明亮的衣服，搭上具有巧思的配件（領帶、飾品等）。有時還需考慮學生的年齡層，穿得年輕些。家長日及畢業典禮，則要正式、兼具自信與親切的形象。

髮型簡單俐落，瀏海不要太長而遮住視線，染髮的色澤不宜過於「搶眼」，以免分散學生的注意力。鞋子以舒適為主，其次才講究外型。

整體的服裝搭配要協調，讓人看了賞心悅目。老師也算廣義的服務業，要比「被服務者」更加重視外在形象，如亞都麗緻飯店總裁嚴長壽所說──「over-dress」。

眼神與表情

老師要雙眼有神，由靈魂之窗散發出對學生的關懷、專注，以及內在愉快、真誠、善意、智慧的氣息。

上課要環顧每個角落的學生，與學生眼神交會，並仔細觀察各個學生的反應。

面帶微笑、輕鬆自在，表現包容、溫暖、熱情、沉穩的態度；不要流露出對學生灰心、失望、厭煩的樣子。

耐心傾聽學生說話，讓學生感受到老師想要幫助他解決困難的熱忱。

　　情緒要穩定、平和，不因學生的某些言行而激動、發怒。遇到學生或家長有相反或反對意見時，要冷靜、心平氣和的回應。

　　班級管理時，多以表情、動作來代替語言（警戒、欣賞、鼓勵……），培養師生間的默契。

　　要常常自我覺察，會否給學生（或家長）太嚴肅、拒人於千里之外的感覺？

肢體動作及身體的移動

　　以有趣、多變化的動作，展現個人魅力及幽默感，營造輕鬆、自在的上課氛圍。

　　站姿、坐姿、走姿宜優雅，避免彎腰駝背。步伐應平穩，避免拖泥帶水。保持抬頭挺胸，看來積極、精神飽滿的樣子。有條不紊，避免匆匆忙忙。

　　為顧及所有學生，上課時可以走下講臺、走入座位行列，以消除教學死角。不要固定在教室的某個位置，以免與學生距離太近或太遠。

　　手勢要大方、自然，避免不雅的小動作，或太激動、具侵略性的大動作。身體不要倚靠講桌、黑板或牆壁，更不可坐在桌上。手上不要把玩東西，或有雙手抱胸、正面逼視學生，含有拒絕或壓迫意味的姿態。

語音聲調

　　口齒要清晰，語速要恰當，語氣要連貫；音量適中，以全班能聽清楚為準（也不必太大聲）。音調要自然，有抑揚頓挫的變化，避免語氣過重。教師的職業要求之一，就是要有「悅耳的聲音」，講述時

按照教材內容，在聲調上有輕重緩急之分。若教師習慣於提高聲調上課，可能使學生的聽覺逐漸遲鈍（賈馥茗，2007：222）。

　　由於教學工作需要長時間、持續、較大音量的說話，老師或多或少有聲帶方面的困擾（即使已使用麥克風），所以要加強聲帶保健。我在國中教書第二年，聲帶即「力不從心」。拿到博士學位後，教學對象雖改變，聲帶問題依然反覆出現，如：聲音沙啞、說話吃力，喉嚨乾、痛、緊等狀況揮之不去。後來我向國立臺北教育大學音樂系裴尚芬教授學習「正確發聲」，三年下來，不敢說「學有所成」，但裴教授對我的「有教無類」與「因材施教」，使我收穫甚豐，發聲上的「老毛病」大致消除，較有心得的正確發聲方法如下：

一、「氣」要足（腹式呼吸）

1.擴充肺部、讓氣自然進入，類似上「大號」的感覺。

2.吸氣時，肚臍以上之腹部（含肋骨、背部）向外擴充。可以兩人一組，互相以拳頭抵住對方胃部（稍用力），測試氣是否吸到了這個位置。

3.試著吸一口氣後，雙唇彈出某些歌曲的旋律，彈得愈久，表示氣愈足夠。

4.站立時，身體要直。可對著穿衣鏡檢查，耳垂、肩膀上方、足踝是否在一直線上？

二、腹部施「力」

1.任何的腹肌運動，均可鍛鍊腹部力量。

2.唱「哈」，五個「哈」一組，連續四組。

3.練習奸笑聲、哭聲、老狗叫聲（wufu）。

4.連續「啦」音（躺著）。

5.「ㄚ」（深呼吸十次）。

三、頸部放鬆

1.頸部上下、左右、側倒（不要全轉頭）。

2.按摩頸部。

3.隨時覺察肩頸有否放鬆。

四、正確的發聲位置

1.發聲位置向前些，以平劇的「ㄈ」音，由低至高練習。

2.發聲位置稍高些，像是打呵欠、笑、吃驚、聞花香的感覺。

3.以哼歌曲來練習正確的發聲位置。

當然，正確發聲不只上述如此簡易，以歌唱來說，呼吸的重點摘要如下（裘尚芬譯，2005：15）：

1.呼吸是一種由上往下的動作，而不是像倒水入杯時由下往上填滿的狀態。

2.呼吸是身體內一種由上往下的波浪式的活動。

3.呼吸時，肋骨並不能硬性的用力膨脹，而是一種向外或向內的遊動。

4.吸氣時，脊椎是收縮聚回的，如同貓準備跳躍的剎那。

5.呼氣開始唱歌時，脊椎是展開延伸的，如同貓正在跳躍般。

6.吸氣時你的橫膈膜開始收縮，呼氣時，橫膈膜回到放鬆時

的圓頂形狀態。

7.體驗腹腔壁有如一個完整圓柱體的感覺。

8.向外及向下的身體放鬆，使脊椎得以延伸。

　　我花了三年時間（不夠專心）學習發聲，雖僅及皮毛，但獲益無窮；基本上已不再擔心聲帶問題，不需依賴喉片、潤喉糖，大多時候上課不使用麥克風。我強力推薦各級學校教師的在職進修，要加上「正確發聲」這個部分，裘尚芬教授當然是授課的第一人選囉！

聲帶的保護

1.上課時要常喝溫水潤喉，且小口喝、慢慢嚥，儘量不喝冰水（或吃太辣、油炸品）。

2.上課時莫唱獨角戲，以免聲帶過度使用；教師的講授，可與學生活動、練習活動交替進行。

3.不要刻意大聲說話，改以拉近或調整師生距離，自然的說話。

4.喉嚨痛，可以鹽水漱口，或在熱烏龍茶中加入蜂蜜。尤其要讓聲帶充分休息，聲帶發炎及咳嗽時，能夠「禁聲」、愈少說話愈好。反之，則好比「火上加油」，會使聲帶狀況加速惡化。

5.說話是全身的運動，睡眠充足才有好體力。

6.少吃甜食，以免生痰；不要吃太鹹，以免口乾舌燥。

7.喉嚨不舒服時，不要「乾咳」清喉嚨，改以吞嚥方式較佳（喝水或吃小蘋果）。

8.逐漸擺脫對麥克風的依賴，「訓練」以自己的身體來發聲。

2 培養師生的信任感與情誼

　　學生若和老師不對盤，或認為老師太嚴格，該怎麼辦？這個狀況在大學頗為常見，一方面因為大學生較有主見，不再對老師言聽計從。另外也因昔日的大學教授多以傳授知識為主，不太能適應現代學生那麼「有主見」（認為是強詞奪理）。

　　大學老師若不改變與學生的溝通方式，就容易傷及學生自尊，造成學生反抗、逃避及不想跟老師親近。尤其在學業上，責備學生不用功之前，應先了解他對所就讀的系（所）是否喜愛？是否為他的人生目標？若沒有足夠的學習動機，很難全心投入學習。學生晚交作業，若是私人因素（如感情或家庭因素），又不想讓老師知道；再加上缺乏溝通，即可能失去指導學生的機會。所以現代的教授必須改變觀念，除了專業指導外，更應加強「師生關係」、建立師生間的信任感，讓學生敢於向老師請教或求助。老師則要多予學生正向回饋，使學生想接近老師、樂於與老師互動。

　　至高無上、讓學生畏懼順從的時代已經過去了，現代教師得先建立良好的師生關係，才能使教學順利。這部分並不是全新的觀念，只是從前的師生關係類似親子關係，老師不管怎麼做，學生都會聽從。而今，父母對子女也不可動輒打罵，要研究如何與子女溝通。老師對學生的了解比父母更不足，所以在處理學生問題時要更謹慎。例如下列常見狀況，現代的老師要怎麼與學生「溝通」，才能達到預定效果？

問題一、上課不專心，做不相干的事或與旁邊同學說話

從前，老師可能直說：

■ 講話的站起來！

■ 有多重要的事，非得現在說不可嗎？

■ 你不想聽課是嗎？好！去站在門口，不必上課了！

■ 上課應該安靜聽講，你再這樣，老師要寫聯絡簿告訴家長
　處罰你。

■ 你知道現在應該做什麼嗎？難怪成績不理想！

現在可能要調整為：先以眼神或身體接近，暗示學生專心上
課。或間接以「提問」或「小組競賽」方式，提醒課程進行的內容，
抓回學生的注意力。如：

■ 現在老師要講一個重要觀念，講完後會問同學問題，或請
　小組討論發表感想。

■ 同學發表意見時，我們要專心聽，表達對他的尊重與欣
　賞！也包括不要與旁邊同學交談，以免干擾別人發言或學
　習的權益！

問題二、上課睡覺，叫起來後又繼續睡或無精打采

從前，老師可能直說：

■小明！站起來！

■班長！幫我把小明叫起來！

■你家沒床嗎？怎麼老是來學校睡覺？

■掛網掛得過分，有本事上網就要有本事上課。

■你把老師當什麼？尊師重道懂不懂？

現在可能要調整為：先了解其睡覺的原因，如果是身體不舒服，則須做必要的處理。如：

■你還好嗎？身體不舒服嗎？要不要去洗把臉、動一動，再回來上課？

■病了嗎？你可以趴下來休息，邊休息邊聽講。要不要去保健室或請假回去休息？

或以「消弱法」處理，也就是不需太過注意，讓學生自己與瞌睡蟲奮戰；下課後，再關懷他睡眠不足的原因。

問題三、上課遲到、作業遲交、未帶用具，屢勸不改

從前，老師可能直說：

■作業咧？沒帶！你來上學幹嘛？這樣下去，「一世人撿

角」，無路用啦！

■又遲到了！我看你乾脆不要來上課算了！

■你騙人騙習慣啦！這種謊言誰相信呀！你就是懶啦！

■晚上當小偷嗎？為什麼每天都遲到？

■年紀輕輕為什麼像老阿媽一樣落東落西？

現在可能要調整為：先詢問他功課寫不完或遲到的理由，了解他有哪些學習困難。如：

■我想你功課沒寫完，一定是遇到什麼困難；請誠實說出來，我才能幫你的忙。

■你常常遲到，一定有什麼困難，我們一起來想辦法克服，好嗎？

問題四、覺得學生未盡力，未達應有標準

從前，老師可能直說：

■考這什麼分數？

■看你這樣的表現，你以為自己很厲害啊？

■不用功，才會考這個成績，下次給我當心點！

■就是馬馬虎虎，功課也隨隨便便，所以才每次都考不好！

現在可能要調整為：先肯定他進步的部分，表示相信他做得到，再指點他努力的方向。如：

■這次比上次有進步囉！其實你做得到，只要……。
■老師知道你在作答上有些困難，若願意，老師可以請小老
　師幫你的忙。

問題五、學生說謊、編理由，未寫完作業或未好好準備考試

從前，老師可能直說：

■你的眼神告訴我，你在說謊！
■功課還這麼多沒寫，你真的沒救了！
■又說謊了，我怎麼能相信你這種人！

現在可能要調整為：不要一味質疑，而是假設他未寫完功課一定
有原因，相信他也希望完成作業。如：

■這次沒寫完作業，一定有你的理由，是不是因為……？
■這次沒考好，相信你一定很難過，下次再努力。不會的地
　方，老師可以教你。

問題六、學生沒有建立適合自己的目標（含未來志願）

從前，老師可能直說：

■你的想法不切實際、太天真了，當醫生哪有那麼簡單？

■好好讀書，以後比較有出路，讀書是為了你自己，不是為
　了我。
■像你這種人，最適合做（　）了，你想要做（　）一定失
　敗，你根本不是那塊料。
■不要一天到晚只會做白日夢，到時候別人就等著看你的笑
　話！

現在可能要調整為：相信孩子關心自己的未來，有自己的想
法；鼓勵他說出來，再給他一些建議或具體協助。如：

■對於未來的目標，或許你有自己的想法，我的意見只是提
　供你參考。
■老師發覺你對某方面特別有興趣（比別人還厲害），要不
　要說說看你的心得？（告訴我，你是怎麼辦到的？）
■你的想法很獨特、並非遙不可及，只要好好努力、按部就
　班，相信可以達成目標。

也許有些老師覺得：有話直說，才是誠實、真性情；然而如果師
生關係（或親師關係）還不穩固，學生（或家長）的自信心不足或有
難言之隱時，老師說話太直，就可能傷到學生（或家長）的自尊，甚
至引來難以澄清的誤會。所以，不論老師如何用心良苦，還是要考慮
措詞，以免形成「反效果」。報載（鄭語謙，2011），新北市三峽
區某國小教師，遭家長投訴言語羞辱忘記門牌號碼的學生：「怎麼回
家，用聞的？跟狗一樣！」還曾對有自殘行為的學生說：「要割，就
割深點。」

3 師生溝通的盲點

下列名人的說法，可看出一般人存在的「溝通盲點」。

證嚴法師說：「心地再好，嘴巴、脾氣不好，仍不算好人。」

德雷莎修女說：「人最大的缺點——壞脾氣。」

林肯說：「三緘其口，讓人以為是個傻瓜，勝過快人快語，教人一眼看穿。」

俗話說：「刀子口，豆腐心」。不少人「嘴硬心軟」，生氣時，想說什麼就脫口而出；等到冷靜下來，又覺得不忍心和後悔。因為壞脾氣而出口傷人，事後再懊悔、道歉，通常已來不及。

亞里士多德說：「吾愛吾師，吾更愛真理。」

伏爾泰說：「我可以不同意你的看法，但我誓死維護你發言的權利。」

人際溝通時，不少人固執己見，怕講不過別人而壓制對方。雖然表面上獲勝，實際上卻難令人口服心服。在「溝通與口語表達訓練」課程中，我一定安排辯論活動，就是要學生兼顧「說理」及「尊重」的能力與風度。

說話習慣要從「快人快語」（不擇手段、不顧後果），改為「慢慢說」（三思而後言）。也就是經過「沙盤推演」，該說才說；

加上輕柔的語調，才不致讓人誤解原本的美意。

破壞師生關係的說法

2003年4月12日，中國大陸重慶發生一樁校園悲劇。15歲女生因上學遲到，被老師諷刺：「你學習不好，長得也不漂亮，連坐檯的資格都沒有。」女生覺得受辱而跳樓身亡。事件發生後，重慶教師倡議規範老師的用語，不能使用下列十句「禁語」：

1.你為什麼這麼沒用？
2.你簡直無可救藥！
3.你再這樣……，我就要請家長了！
4.你怎麼這麼笨？
5.你再不努力，考不到好學校，將來就沒出息。
6.你對得起你的父母嗎？
7.全班同學不要像他那樣！
8.某同學是全班最好的學生！
9.某同學是全班最差的學生！
10.你可以不認真學習，但不要影響其他同學。

其他教學表達的大忌，如：

1.諷刺型

「不要再叫了，你的聲音像烏鴉，吵死了！」
「拜託！你腦袋裡裝些什麼？你的智商真的那麼低嗎？你聽不懂中文呀！」

2.污辱型

「像你這種人，絕對不可能有成就，沒當乞丐就算幸運的！」

「連這種事也不會，你爸爸媽媽都沒教你呀！真是不負責任！」

「你到底有什麼問題？」

3.蔑視型

「這種問題用膝蓋就想得出來，你真是笨的可以！」

「你的抽屜真像垃圾場，這麼臭，難怪沒人跟你玩。」

4.激烈型

「你說的話，沒有一句可以相信，要是你會說實話，天都要下六月雪了。」

5.恐嚇型

「真想打你一巴掌！」

「算了！我對你沒辦法了！」

6.指責型

「你怎麼那麼搗蛋（懶、笨、壞、自私、動作慢、脾氣暴躁……）？」

「老是慢吞吞，像烏龜，趕快啦！」

7.訓斥型

「你真是成事不足，敗事有餘！」

「又是你，每次做壞事都有你的份。」

上述說法，在說出口的當兒可能覺得痛快，但學生聽了卻很痛苦、刺耳。師生關係一旦破壞了，日後不論老師說什麼，學生都會因抗拒而充耳不聞（保護受創心靈）。所以，卓越的老師一定要注意修辭、同理學生的感受，才不會白費心思與力氣。在日常教學或與學生對話，要聽聽自己在說什麼；不要因氣昏頭而失言，以致在學生心中刻下重重的傷痕。

大學時我參加「語言研究社」，一直留意語言的作用，常自我提醒：「只能說好話，否則不開口。」說壞話不用學習，幾乎是本能反應。老師為了教化學生，就得以智慧將壞話轉成好話。例如，「學生說謊」雖令人深惡痛絕，但老師得相信說謊的背後一定有理由，從斥責改為關懷。對於「屢勸不改」的學生，應先了解他的情況，才能對症下藥。當學生反彈、反抗時，老師也應檢討：「是否自己的語言與態度，導致學生的負面情緒？」

增進師生關係的說法

將心比心，如果老師聽到學生說下列的話，應該也會感動。如：

哇！這麼快就下課了！

您上課的方式很輕鬆、很有趣，我們很喜歡上您的課。

您很有耐心教導我不懂的地方，謝謝！

我很期待上課。

我永遠不會忘記老師。

我本來對這個科目很排斥，聽完您的課之後，變得很感興趣，成績也進步很多。

謝謝您在我犯錯、難堪時，依然以溫柔的心接納我。

您好開朗，像太陽一樣，溫暖了我的心！點亮了我的人生！

所以，老師也要常說下列的話，讓學生聽了感動。如：

不要難過，只要多注意小細節，下次就可以做得更好。

謝謝你當老師的小幫手，讓老師變成千手觀音。

你掃得好乾淨，讓辦公室煥然一新。

每天看到你快樂的笑容，讓老師也很開心。

你很厲害耶！可以請你教其他同學嗎？

我知道你已經很努力了，這次沒表現好，你一定很難過。

謝謝你帶給我美好的回憶，老師會永遠記得你。

好棒喔！老師說一次你就馬上做到了，可見你很專心喔！

真羨慕你父母有你這樣乖巧懂事的孩子。

4 教師說話的智慧

「愚人吐露所有心意，而智者會暫時隱忍。」（舊約聖經 King James版，箴言錄29章11節）

愚者不加思考，想到什麼就說什麼；智者則會思考再三，感覺某些話有不良後遺症，就會忍住不說，也就是俗話說：「話到嘴邊留三分」。不是所有的話都可以直接或公開說，但也不應花言巧語來打發或敷衍別人。如果一定要說缺點，還要加上優點及中肯的建議。

爲什麼要說「好話」？

「好話」包括：提醒、肯定、讚賞、鼓勵、安慰、具體建議等，以老師來說，如果對學生沒有及時說好話，不良的後果如下：

1.未及時「提醒」，學生將因小失大、小錯變大錯

所謂「及時」，不僅符合「時近效應」——犯錯的最接近時間，提醒學生錯誤之所在；更要以老師的「遠見」來開導學生，使犯錯成為一種寶貴的經驗與成長機會。

2.未及時「肯定」，學生將喪失再次嘗試的勇氣，誤以為自己沒有能力與價值

成功不是一步登天，而是一點一滴累積形成。當學生有一點點進步，即應給予肯定，他才能踏著自己進步的軌跡，一步一步往上爬。

3.未及時「讚賞」，學生將錯過潛能開發的時機，不能全力以赴

榮譽是人的第二生命，每個人都需要被讚美與欣賞。學生因努力而有成就時，就應不吝讚賞，使他的潛能從冰山底部浮上來。

4.未及時「鼓勵」，學生將失去自信心，斷送成功的機會

學如逆水行舟，不進則退。學生稍有鬆懈而遭致失敗，或雖努力但未獲成功時，最需要鼓勵，使他不至於自我否定，能再站起來。

5.未及時「安慰」，學生將變得冷漠、怨天尤人，不再相信別人的善意

學生失意或灰心時，若未得到安慰，會強化成功與失敗間的落差。為了自我防衛，產生酸葡萄心理——故意否認原本的夢想與目標，或甜檸檬心理——故意安於現狀或自我放棄，做為內心受傷的掩護。

6.未及時給予「具體建議」，學生將誇大學習困難，低估自己的潛能

失意時如果只是籠統的安慰，會使學生陷在自憐當中。反之，得意時如果只是籠統的讚賞，則會使學生過於自傲。兩者都需加上具體建議，使學生將注意力轉移到具有建設性的事情上。

「把話說好」的6W

1.who——對「誰」說好話？

臺灣的教育環境裡，似乎學業成績優秀的學生，才配頂著光環，相對則使大多數學生失去自信、難以自我肯定。老師要多發掘才藝或品格優良的學生，真誠的給予讚美。就算沒有傑出才藝，只要努力、用心、兢兢業業的學生，就值得讚賞。較平凡、內向的學生，因為很少得到讚美，更是老師說好話的絕佳對象。

2.why——「為什麼」要說好話？

認識自己的價值，是「每個人」存在的需求。建立自信的過程，是由外在肯定進而轉化為自我肯定。建立自信後，就會發生意想

不到的「奇蹟」──自助的力量。老師多說好話，是為激發學生的內
在動力，使其自發性的「學而時習之，不亦說乎？」（《論語・學而
篇》）

3.when──「何時」說好話？

當學生在才藝、品格等方面有傑出表現時，要及早向學生本
人、學生家長及其他老師說。親師互動的訣竅之一即是：主動將學生
的好表現告訴家長。上課時也可隨機舉例，不太經意地讚賞某些同學
（似無意卻有意）；尤其對那些努力過卻失敗、正在灰心失意的學
生，更要找機會給予鼓勵。

4.what──好話的內容是「什麼」？

籠統的「很好」、「不錯」等字眼，讓人感受不到誠意與真正的
益處。讚美一定要針對具體的優點、客觀的事實，再加上一些可以更
加進步的建議，讓學生體會「好話的力量」。所以，老師要多練習鼓
勵、讚美的措詞，搭配相應的語氣、表情與動作。例如：

> 你把地掃得這麼乾淨，老師沒注意到的垃圾，都掃得一乾二
> 淨！真厲害！（微笑、拍手）
> 你願意幫忙還沒進教室的同學搬下椅子，尤其椅子加上書包
> 很重，你卻幫這麼多人服務，太神勇了！（點頭、拍拍學生
> 肩膀）
> 別人都不敢整理的、油膩膩的廚餘，你竟然把它清得這麼乾
> 淨！好能幹！（用力點頭）
> 別人正為廁所裡骯髒的馬桶煩惱時，你竟能自告奮勇把它刷
> 乾淨！（微笑、點頭）
> 放學的時候，你總是主動幫大家關窗戶，而且動作好俐落！

（用力點頭）

你能主動安慰同學，及時遞衛生紙給他擦鼻涕，好有愛心喔！（微笑、拍手）

5.where──「何處」說好話？

如果要公開說好話，就不要太刻意，就事論事較好，以免其他同學嫉妒。也可私下找學生來，給予特別的鼓勵或獎品。其他如：寫在聯絡簿上，發獎卡或獎狀，將優良事蹟或作品貼在學校或班級布告欄等，都是讚美或鼓勵的不錯方式。

6.how──「如何」說好話？

誠懇的態度（尤其注意「非語言行為」）為首要，讚美時表情可以稍誇張，建議或安慰時，就不需太明顯的表情變化。給予建議時要尊重學生，不宜以教師權威來壓制；最後還要加上一句：「這是老師個人的看法，要怎麼做還是由你自己決定。」

第六篇　親師溝通

——老師與家長的「團隊」合作

1 親師如何建立「共識」?

　　學生家長的教養方式,來自他們的教育觀念;而他們的教育觀念,又來自他們的上一代。許多家長對孩子造成「虐待」──補習太多、睡眠不足等,就是由於教育觀念偏差所致,如太注重「升學」。賈馥茗教授説(2007:84):

> 教育只想「一步登天」,也就是從小學開始,就為升學做準備。……結果是學生一面要在學校多多學習讀寫算,延長在校時間,課後還要趕著上補習班。兩者都有做不完的作業,必到深夜才能入睡,既沒有他們所喜歡的遊戲時間,又妨害健康,更造成心理困惑,他們不知道這是「為什麼」!

父母眼中的完美教育

　　每到聯考放榜,報紙上大肆報導「考場狀元」的豐功偉績時,又增強了家長對孩子「一步登天」的盼望(或幻想)。認為只要將孩子「推上巔峰」,一切犧牲(睡眠、休閒、社團、朋友……)就都值得。他們理直氣壯的訓誡孩子:「瞧!只要努力,你也可以做得到。」一再逼迫孩子「衝鋒陷陣」,不管他們是否願意。幾米在繪本《我的錯都是大人的錯》(*Don't blame me, it's not my fault*)當中説(2008):

> 收音機裡有一位專家悠悠的説:很多人都希望他的孩子贏在

起跑點，卻往往讓他的小孩累死在終點。

　　並不是每個孩子努力後，都能達到父母的期待；萬一達不到或不願意照父母的安排去做時，就可能自暴自棄甚至精神崩潰（包括結束自己的生命）。但若不是自己想要的目標，即使考到第一名，也對學習倒盡胃口。聯考競爭中達不到父母期待的孩子，占大多數；如果因此對子女感到失望，將使為數不少的人一輩子活在「我不夠好」、「我不如人」的自卑當中。

　　其實，教育目的在於「教人成人」，而非考上第一志願，「必須學習的是『做人的品質與能力』。做人的品質包括：明善惡，辨是非，知廉恥，持正義，負責任，守紀律，友善溫和，樂於助人。做人的能力，則在於能夠獨立謀生。」（賈馥茗，2007：6）

　　一張名校的高學歷文憑，不等於職場高薪的保單。亞都麗緻飯店總裁嚴長壽，雖沒有顯赫的學歷，卻擁有良好的「做人的品質與能力」，不僅事業順利，還為國爭光。其他沒有傲人學歷的「臺灣之光」還很多，如：名廚阿基師、世界麵包大賽冠軍吳寶春、為歐巴馬夫人設計禮服的吳季綱、高球皇后曾雅妮、歌壇天王周杰倫……。

父母的責任與素養

　　比較起來，父母的影響比老師更強，孩子進小學之前的教育，以父母為主，「要及早發展嬰兒愛的情感，是最重要的初步教育。溫馨的環境氣氛，溫馨的接觸，使嬰兒在溫馨中成長，便會孕育出溫和的情感。」（賈馥茗，2007：22）

　　小學前，父母要教導孩子許多事情，如：從說故事中，使孩子

知道行動有「可」與「不可」之分；讓孩子練習自己進食，並學習不挑食；讓孩子有規律的睡覺及起床時間；指導孩子遊戲後如何收拾玩具；還有對人起碼的禮貌等。

可惜，現代父母常誤解了「愛」的真義，對孩子事事代勞、屈從兒意。對孩子的任性而行，甚至視若無睹，「責備」只是聊備一格。有些家長「害怕」孩子生氣、鬧脾氣、抗議，於是不敢或無法管教子女。但若不能「適度而必須的約束」，就養成了孩子「自以為是」、「目中無人」的狂妄性格。

小學低年級起，就可以培養孩子自我管理與自我負責的能力，如：暑假時教導孩子做暑期計畫及時間管理，不要覺得小孩年紀太小、一定做不到，而心存懷疑或太早放棄。「家長要和孩子商量怎麼利用這段時間，首先最好聽聽他的想法：例如有多少必須要做的假期作業，問他怎麼分配一天的時間，怎麼利用休閒的時間？家長也可把自己的計畫說出來，一起商量，把雙方同意的活動調配好時間，讓兒童自己做成計畫表，斟酌能實際做到的成為定案，並確定必須按日完成。」（賈馥茗，2007：111）

父母不可輕忽自己日常生活的言談舉止，否則就會形成「反教育」。父母的身教，最基本的表現在生活作息的安排上。期望兒女做到的事情，自己都要以身作則，如喜歡閱讀、有禮貌、輕聲細語、惜物惜福、整理環境、做家事、守信、準時、勤勞等。

不要實施打罵教育

父母管教孩子，應戒惕打罵的教育方式，因為「有些父母，因兒童當前的一個小錯，斥責不絕，把前此的錯誤，一一數落起來，必到自己『出完氣才停止』。這種作法，只有增加兒童的嫌

惡心，反而忘了自己的錯誤。有的成人動作特快，對兒童不當的行為，伸手就是一巴掌。……兒童尚不知為了什麼，驚悸之餘，自尊大受傷害。即使最後知道了挨打的原因，也不肯以此為警惕，因為心靈受傷，失去了改正的動力。」（賈馥茗，2007：59）

　　子女邁入青少年時期，更要予以尊重，把「代為主張」改為提供意見，以關懷的眼神及態度代替撫摸偎抱，以耐心及商量代替疏忽及命令。孩子犯錯時，要鼓勵他思考原因，並將怎麼做的決定權交給孩子。孩子進國中以後，性格與行為發展面臨重大轉變，難免某些方面會反抗父母或冷漠以對，這是正常的現象。如果是小事，父母可以淡然處之，這份容忍是為了給孩子留下反省的空間。

　　及早解開鎖住孩子的鎖鍊，放開手、更要放下心，讓孩子自由。但，也別「太早放棄」，不要因為兒女的表現不如己意，不能實現自己的期望或不如別人家的子女，就顯現出失望與放棄的樣子。

2　學生段考20分，如何與家長溝通？

　　我在中壢國小「父母成長班」，與媽媽們（可惜沒有爸爸參加）探討如何不讓分數毀了孩子。我提到自己的女兒，高一第一次段考數學只考20分，高一結束的數學平均也不到40分（必須重修）。學員中頗受景仰的琉璃姐說：「王老師，恭喜！你的孩子數學只考20分，對你及大家都是好事。」琉璃姐不是幸災樂禍，而因為我是教育博士，若我的孩子各科成績都很優異、一路順風，我就「英雄無用武之地」，甚至認為考高分是理所當然。教育博士的孩子考低分，才會「踏實」（而非「理論化」）的探討箇中原因；為其他「學習困難者」，尋求問題解決之道。

　　女兒對數學的學習困難，在小學及國中階段時我還能幫忙克服，使她的數學從不及格進步到八、九十分。進入高中後，只能仰賴數學老師的專業能力了。其實，有多少家長能從孩子小學一直到大學、研究所，都成功的協助孩子突破學習困境呢？

　　先不管家長有沒有能力協助小孩做功課，任課教師或導師還是要「主動」與家長聯絡，不能只「被動」等家長求助。有些孩子可能會進補習班或請家教，但任課老師及導師仍有輔助的責任。尤其不能將學生考不好，都解釋為不用功、不練習、上課不專心、能力不夠等，讓家長覺得老師推卸責任。老師若先能表示自己應負的責任，親師溝通可較為順利。

　　老師若碰到學生的段考成績只有20分時，該如何與不同類型的家長溝通呢？

家長類型一：注重教育且有能力

〈家長心聲1〉

我的小孩小學時生活單純且快樂，課業上不需花太多時間就能名列前茅。升上國中後，面對課程的轉換及壓力，才發現學校高手雲集，所以一開始的適應狀況及成績都不理想，挫折感很深。面對這樣的她，我也措手不及，希望能透過老師或輔導室的引導及其他家長的分享，讓我找到方法，陪伴及鼓勵她早日適應，一起面對未來三年的國中生活。

〈家長心聲2〉

聽到「小孩不笨」這部電影（新加坡）當中主題曲「內疚」所唱的：「你今日無助的詞句，都帶著明日的訊息，我知道你對我的心意，而我就是有心無力。……所以我用盡我的全部，來告訴你我沒有認輸，還有什麼可以給你，我的爹娘我的父母。」

看到孩子埋首苦讀，分數卻不理想，真的感觸良深，不忍心再責難他。

面對這樣的家長，老師可提供下列具體方法；請家長依孩子的狀

況，自行彈性調整。

一、接納孩子的情緒

首先，父母要接納孩子對課業困境的負面情緒；以我的女兒來說，國小六年級學到小數點除法時，搞不清楚怎麼將小數點化為整數來除。我愈急著教她，她愈慌亂而聽不懂，眼中蓄滿了挫敗的淚水。看到她的畏縮，我察覺到自己的操之過急。於是靈機一動，笑著說：「這樣好了！我們每天只做10分鐘數學，而且快快樂樂的練習。」為了減少孩子對學習的畏懼、厭倦及逃避，父母必須提高EQ，不發怒、有耐心，當孩子的啦啦隊。

六年級下學期的兩次段考，女兒的數學都考91分。國中之後，我們仍持續每天的「快樂數學遊」，時間延長為30分鐘至一小時，效果依然不錯，段考大都可以考80分以上。考高中的第一次基測，數學科共34題，女兒答對了32題。

到了高中，女兒又因數學不好而沮喪、無助，再次畏懼及抗拒學習。我仍然接納她的負面情緒，不予壓制或忽略。即使她談到自己數學不好的原因是：教材太多、考題太難、老師教得太快等，好像在推卸責任時，我也不責備她說：「不要一直怪別人，聽不懂可以問老師或同學啊！如果你不問也不練習，數學怎麼會好呢？」這樣只會讓她更反感，對數學的負面情緒愈強。

二、探討原因，尋找資源

其實，數學低分的原因還包括：跟不上老師的教學進度、上課聽不懂、練習題未能由淺入深的進行、公式不熟練等。惡性循環之下，自信心愈來愈低落，更加無力突破。而進一步探討，真正的原因

會否是：考題太難、老師教得太快、先備能力不足（基本功不夠或前面的單元並未徹底學會）等。以「太難」來說，報載（黃福其、李光儀，2007）永和國中三年級段考，數學科有一題8分的計算題，全校1400多位學生，答對率僅2%，數學科的全校平均分數僅49.5分。議員找了7位國、高中數學老師當場試解，只有2人在5分鐘內解出。

報載（張錦弘，2007），2006年我國首次參加「經濟合作發展組織」（OECD）舉辦「學生基本素養國際研究計畫」（PISA，2000年開始，每三年評比一次）。我國（國三及高一）的數學素養為全球第一（57國參加），科學素養第4，閱讀素養只排到第16。學者慨歎，學校的數學考太難，讓孩子沒自信，只好拼命補習，卻犧牲了課外閱讀的時間。所以，我國的數學成績好，只是假象，是提早學習、反覆練習的結果。另外，後段學生的數學差，也是事實。

2009年我國第二次參與（65國或地區參與），三項成績均退步，數學第5，科學第4，閱讀第23。三項成績之前10名的世界排名如下：

2009年PISA評量排名

	閱讀素養	數學素養	科學素養
1	上　海	上　海	上　海
2	韓　國	新加坡	芬　蘭
3	芬　蘭	香　港	香　港
4	香　港	韓　國	新加坡
5	新加坡	臺　灣	日　本
6	加拿大	芬　蘭	韓　國
7	紐西蘭	列支敦斯登	紐西蘭
8	日　本	瑞　士	加拿大

	閱讀素養	數學素養	科學素養
9	澳　洲	日　本	愛沙尼亞
10	荷　蘭	加拿大	澳大利亞

資料來源／教育部　製表／李威儀　聯合報

　　不少家長「謙稱」自己無法教孩子數學，儘管也是事實，但仍可先試一試，不要完全依賴補習班或家教，或一味「冤枉」孩子不用功。這樣只會增加孩子的學習壓力，更加逃避及畏懼學習。

　　我國中時也有數學的困擾，父親求助於數學老師（也是導師），蔡老師親切、耐心及清晰的對我個別指導（當然是義務、免費的囉），讓我因為感激老師而對數學產生了極大的好感。終於能「神清氣爽」、「氣定神閒」的面對困難，多學會了好幾題，數學才不致成為高中聯考的致命傷。

　　女兒到高中後的數學困境，我本想以她國小、國中時的經驗，再陪她一起做數學。然而，女兒表示可以自己練習，但獨力奮鬥的結果仍是不及格。加強數學的方法，可從設定適當的目標開始；以我女兒來說，不求分數快速提升，而以克服解題的困難、增進自信心著手。她的內在資源是「問題解決能力」與「積極正向信念」，外在資源則是我這做母親的「情緒支持」與「實質協助」（這部分就要感謝優秀的政大數學系學生囉）。

三、發揮父母「賞識」與「激勵」的功力

　　整體而言，協助孩子克服學習困難，要先看到孩子好的一面、相信孩子的潛力；且努力一段較長的時間，不要太早放棄。在我國的聯考制度下，孩子歷經升高中及大學兩次聯考，不少人因挫敗而喪失自

信，影響的層面很廣、時間很長，實在不太值得。

　　我在六所大學兼課，碰過不少聯考失敗的「心理受災戶」。他們沉溺在挫敗中無法好好學習。其實每個人都有學習的優勢與弱勢，聯考卻要求每科都要好，才能考到較好的學校（較少學費、較多資源）。家長的觀念要先改革，能配合孩子的天份與興趣，使孩子找到屬於自己的舞臺，這就是好學校。以免孩子浪費寶貴的時光，整天渾渾噩噩。

家長類型二：有心無力

〈家長心聲〉

　　我的兩個孩子都不認真念書，兒子滿腦子是打電動，女兒只記得誰生日、跟誰約吃飯，對於頭髮的瀏海更在意得不得了！兩個人的共同點就是，沒有明確目標、不知為何努力，更別談主動性了，著實讓我傷透腦筋。

　　雖然明白「讀書不是萬能」，但不讀書卻萬萬不能；真希望以後他們能少吃點苦頭，讀書多少有助益。但他們聽不進去，都覺得到時候再說。

　　現在我能控制情緒了，不再怒髮衝冠、氣不過來，也不再過問成績。但在讀書方法上，他們還是找不到門路，真不知該如何指導他們規劃及找到自己的目標，可以請求輔導室協助嗎？

　　這類型的家長應該為數不少（甚至最多），希望孩子有目標，好好讀書將來才不會吃苦。可偏偏沒吃過苦的孩子，不能體會何謂吃苦，更看不到將來，以為「船到橋頭自然直」。「黃帝不急，急死太監」的結果，父母只好將希望寄託給學校，請老師來完成父母的心願，代替父母發揮影響力。

　　老師固然願意多督促學生，但也不敢「說實話」：老師只能盡力而為，請家長不要對老師期望過高。父母不能「眼不見為淨」而逃避責任，主要的教養工作仍在父母身上。家長只能與老師討論該怎麼做，請老師多幫一些忙，而非將孩子完全託付給老師。

　　家長要改變觀念，青少年在意朋友及外表，是一件非常正常的事；批評或禁止，只會讓孩子躲你更遠，覺得父母食古不化，甚至做出傻事。讀書與休閒或朋友，並不相違背，甚且相得益彰。只要孩子能遵守基本規範，如：與朋友出遊，晚上幾點前回家；每天或每週上網的時數限制；社團活動與課業責任的平衡等。父母要以積極正向的方式引導孩子，而非消極負向的一味緊盯、擔憂或指責，親子關係才會「雙贏」。

家長類型三：單親或隔代教養

〈家長心聲〉

　　從小，孩子的媽媽就不在身邊，爸爸雖然很忙，每天還是會打電話來關心，每星期也和孩子吃一次飯。孩子應能感受我們努力給她滿滿的愛，但遺憾的是，她的功課，我這做阿嬤的沒有辦法及時協助，這也是孩子比較辛苦的地方。

　　某些不得已的原因（父母離異、父母再婚等），致使孩子跟爺爺奶奶同住；偏遠地區的隔代教養比例更高（父母出外謀生）。老人家固然疼愛孫輩，但體力、心力（包括「學習力」）逐漸衰退，跟孫輩難以溝通、漸行漸遠。「心有餘，力不足」之下，只能看著孫輩的課業逐漸落後、行為逐漸偏差而束手無策。有些單親家庭也有類似困擾，父（母）忙於生計，疏忽了孩子的管教，或對孩子低落的成績無能為力。

　　學校除了加強「替代父母」（爺爺奶奶等）的親職教育之外（應該主動為他們「開班授課」），也應提醒他們，除非萬不得已，還是該及早將親職「歸還」給孩子的父母；否則孩子「缺乏」的東西會愈來愈多。對於單親父母，則應以同理心予以讚賞，提供具體的物質或其他實質的協助。

　　除了上述父母類型，在老師的經歷中，還遇過：「敷衍卸責的家長」、「怪獸家長」、「自以為是的家長」、「高傲的家長」等。除非到了虐待孩子而須通報的地步，否則均應「重新認識」這些父母，與之建立良好的親師關係，日後才能親師合作。例如：

1. 「敷衍卸責的家長」：其實是忙於生計，還未「理解」正確的教育觀念或親職所在。
2. 「怪獸家長」：其實是太疼愛孩子，過於維護孩子的權益，而致失去正確的行為判準。
3. 「自以為是的家長」：其實是有獨特的教育理念，也許來自特殊的成長背景或社會環境。
4. 「高傲的家長」：其實是太愛面子，所以自我蒙蔽，聽不進別人善意的建議。

3　如果家長來「踢館」

　　現代家長對老師有何期望？合理嗎？例如：家長認為老師的待遇不錯（工作時間較短、有寒暑假），應該提供更高品質的「服務」。家長希望老師能將孩子視為人才，當做璞玉來琢磨。家長認為教師不僅是職業，更應是志業，要對孩子多用心、關心和付出愛心，也就是「一日為師，終身為父」。

現代親師溝通的障礙與因應

　　現代學校的親師溝通，有哪些較嚴重的障礙？例如：

1. 家長不配合，甚至在孩子面前質疑或否定老師。
2. 家長對老師的要求不再照單全收，甚至透過其他管道（家長會、教育局、基金會、民意代表、媒體），強力介入班級教學。
3. 家長干涉老師的班級經營及學校的行政運作，為了子女的成績，甚而對老師表示不信任（懷疑老師的公平性）。
4. 即使學生的行為問題已很明顯，家長仍表示自顧不暇，放任孩子繼續出錯。
5. 社經地位較高的家長，堅持個人的教育理念，與學校一般的學習狀況或要求相衝突。
6. 對孩子過於呵護，對老師要求更高，稍不如意即採取非理性訴求。
7. 受到媒體或民間團體意見的影響，不相信學校或老師的說

法。

親師意見不一致時，老師須保持「理性」與「冷靜」，先把事情弄清楚，再以「包容」與「尊重」的態度來溝通。老師不一定要說是自己或學校的錯，而一直滿足家長的需求，這樣可能「順了姑意，逆了嫂意」，引起其他家長的不滿。家長對老師不放心、不信任，有時不是事實，只是家長個別化的擔憂，如不喜歡年齡較大的老師、不放心較年輕的老師、不同意老師過嚴或太鬆的管教方式等。此時老師不僅要以教學績效，證明自己值得信賴；更要及早、主動、多次的向家長說明或澄清，以免親師間過度揣測與隔閡。

遇到孩子受到傷害或遭遇「不公平對待」，家長難免對老師或學校有所指責；此時，老師要以「高層次同理心」，了解家長的心情，表達解決問題的誠意與決心，不讓家長覺得敷衍。有些問題不是老師個人可以處理時，要通報相關人員（學校行政主管、家長會、教師會），組成危機處理小組，以專業的態度與程序來應對。

親師溝通「預防勝於治療」

多元社會之下，老師的教育觀念與管教方式，不一定能得到所有家長的認同。此時，老師要體諒不同家庭的差異（如：貧富差距），加強自己的溝通功力，才能「預防勝於治療」、「化險為夷」。與家長建立關係，平時要多燒香，如：

1. 書面溝通：聯絡簿、班刊、校訊、家長通訊、班簡介、給家長的信……。
2. 聯繫情感：儀式活動（家長日、運動會、畢業典禮）、聯

誼活動（聚餐、郊遊、晚會）……。

3.建立夥伴關係：不論教學活動、全班事務或學生個別問題，都可「借力使力」、善用家長資源。

溝通技巧即「以柔克剛」之道，老師不論在身段、口吻、措辭、表情、情緒、動作等，都要夠「軟」、「甜」、「穩」、「勤」。如Cheers—快樂工作人雜誌提出的「2011新顯學」——「好人也要懂心機」，許書揚說（李欣岳，2011：111）：「一個成功的職場工作者，又有所謂的『善良心機』，簡單的說就是要眼利、心細、嘴甜。」吳若權說（李欣岳，2011：112）：「對工作者來說，做人甚至已經成為做事的一部分。……辦公室的工作通常都需要橫向的人際聯繫，更應該把對人的態度放入工作的一部分。」

《優秀是教出來的》作者克拉克老師說（諶攸文，2004：218）：「老師如果沒有和家長發展出適當的關係，雙方的互動將是老師生活中最惡劣的一部分。」他在教書的頭兩年，有過幾十次這樣恐怖的經驗，如：有家長因對他不滿而報警處理，有家長電話留言恐嚇。他從與這些家長的互動經驗中，學到的寶貴教訓如下：

1.和家長初步接觸一定要正面，完全不要有負面成分。

2.每一次和家長談話，談到他們孩子的表現，一定都要用好話開頭。

3.專業的穿著，家長的語氣會更恭敬、配合。

4.突然寫張便條給家長，或打電話過去，特地告知孩子有什麼優異表現。

5. 把握每一個機會向家長道謝。

6. 如果有家長極難相處，不妨安排時間一起去見校長，不要怕。

克拉克老師在第二本書《人格特質最重要》，總結「老師該如何對待家長」有四個要點（摘要自：諶攸文、侯秀琴，2007：221-225）：

1. 常與家長聯絡。老師最常犯的錯誤，就是沒有和家長保持聯絡。要善用每次機會，寄卡片、寫便條、打電話、開家長會、進行家庭訪問等，使溝通管道保持暢通。

2. 給明確的建議。家長能幫助孩子學習的方式很多，與收入、學歷、住哪裡無關，只要把方法「講清楚，說明白」，家長即會做做看，就能大大減輕老師的負擔。

3. 對於家長的協助與支持，老師要懂得感謝。謝函、當面或電話致謝，總之一定要以某種方式表達。

4. 要為家長設想。我們希望別人如何對待我們的孩子，如親切、有愛心、尊重、不貶損，即應如此對待學生。

如果碰到怪獸家長

在少子化及家庭經濟條件較好之後，許多家長捨不得孩子受到一點委屈。孩子遇到一些小挫折，家長不僅未教導他如何處理，反而立即出面代為討回公道。例如，新聞報導某位家長因為孩子營養午餐時被迫吃茄子，而到學校興師問罪，為女兒打抱不平。

　　不僅老師覺得家長不好溝通，家長也常覺得老師難以溝通，例如，某位家長投書報端，述說她與導師溝通不良的經驗（十里，2010）。從孩子幼稚園起，她即常在聯絡簿上分享孩子在家的點點滴滴；導師也會回饋，用心記下孩子在校的點滴。不料孩子在小學三年級開學沒幾天，新導師就來電：「請問你是對我有什麼不滿嗎？你有必要每天在聯絡簿上，跟我說那麼多話嗎？跟我講你兒子這麼多事情，或是你兒子有什麼學習障礙嗎？」這位家長當下傻眼，雖耐心解釋，導師仍說：「你如果堅持要寫，可否麻煩你自己找個簿子在家裡寫，寫給你自己看就好了！再不然，你寫你的，我是不會跟你回應的，我一個人要面對班上這麼多的小朋友，每個家長要是都像你一樣，我豈不是啥事都不要做了。」兒子說，老師在班上也罵過他了。灰心之餘，這位家長之後在聯絡簿上，都只簽名了事。

　　報載，日本怪獸家長（monster parents）日趨嚴重（國際中心／法新社，2010），這群家長只看重自己的小孩，要求老師特別重視他們的小孩。不只對學校管教小孩的方式有意見，甚至要學校幫忙洗衣服、接送小孩、準備午餐等，還得通知隔天要不要帶傘。日本老師因為這樣的壓力而無法到校的比例，十年間成長了三倍。63%的老師曾因家長壓力而請病假，擔心被家長控告而投保訴訟險的老師，也從十年前的1300人，增加至2萬6千多人。

　　2002年，有位幼教的資深女老師因家長連續四個月投訴她，逼得她留下道歉遺書而自焚身亡。這種現象讓東京都政府決定出版手冊，教導東京公立學校超過6萬名的老師如何應付怪獸家長。例如，對於家長適當的說法是：「我很抱歉造成您擔心，查清楚事情真相後，我會再跟您聯絡。」而不要說：「我們的無能給你帶來麻煩，我

很抱歉」。

一位國小老師，在看了有關日本怪獸家長的報導後，為文「怪獸家長，把孩子變自大狂」（黃昭彬，2010）：

> 現在的孩子缺乏對他人、對團體的認同，缺乏對師長、對長輩的尊重；其實錯不在孩子……他們始終以父母為學習對象。……這類家長愈來愈多……要求老師必須以他們的孩子為中心，要求其他同學必須為了他們的孩子多所忍讓。……為了學校無法配合他們不合理的要求，以轉學、開記者會、告老師等方式恐嚇學校。

另一位家長則為文「當怪獸家長，不是我願意」，因為與老師溝通不良，最後家長為孩子選擇「轉學」（莊玲，2010）：

> 小孩剛成為小一新生，對於新環境和新的生活規範，顯然需要一點時間適應。……動作有一點緩慢的他，常因為遲到、太晚進教室、老師詢問時回答太慢等因素，而被老師處罰抄寫課文，負擔加重反而讓動作緩慢毛病變本加厲，老師的處罰更重，惡性循環之下，小孩天天賴床逃避上學。我特地到校溝通多次……不料老師態度冷淡的表示如果家長再堅持，罰寫的次數將再增加。

4 親師合作的成功法則

　　儘管怪獸家長日增，大多數家長還是可能成為「五星級家長」（或潛力股）。只要老師善用或培養，協助家長好好「練功」，如：

1. 每天簽聯絡簿，不吝與導師聯繫及溝通。
2. 邀請家長參加學校舉辦的活動，如：「學校日」、「家長座談」、「親職講座」、「父母成長團體」等。
3. 孩子有特殊身心狀況時，及早詳盡告知導師。
4. 邀請家長擔任班親會幹部、學校志工團隊。

五星級老師如何與家長溝通？

　　希望家長成為「五星級」，老師自己也得是五星級，所以在親師溝通時要做到：

1. 給家長聯絡電話（含手機），請家長在適當時間內來電（如校內可聯繫的空堂時間，或晚上8-10點）。或提供其他通暢之聯絡方式，如電子郵箱、部落格等。
2. 主動與家長聯繫，每學期至少一次，並以學生的優點或好表現，做為開場白。
3. 設法以各種動態及靜態的管道，讓家長感受到老師的用心、關心和愛心。
4. 善用家長的專長及熱忱，創造班級的團體動力。

5. 對於不能參加「親師座談」的家長，主動邀請他們到校面談或至少電話會談。親職講座部分，要多邀請弱勢家庭的家長參加，提供及鼓勵他們把握教育資源及成長機會。

6. 少數「拒絕溝通」或「神龍見首不見尾」的家長，要想辦法了解真相，設法「破冰」以建立親師關係。

7. 孩子如有特殊身心狀況，應主動與家長聯繫，最好當面討論。在問題較小或問題「快要」發生之前，及早商討處置及預防之策。

8. 鼓勵家長在老師或學校需要協助時伸出援手，例如：班級書庫、班刊編印、校外教學、校慶園遊會等。

9. 對於有「具體行動」的家長，儘早感謝他們對自己的子女及班上同學的用心與付出。

親師溝通的成功法則

親師溝通的成功法則如下：

法則一、異中求同

現代家長相信老師有更好的專業能力，又懷疑老師對他的孩子不夠關心；這種矛盾心理可以理解。但家長及老師各有立場，看事情的角度自然不同。老師要體諒不同家庭有其管教方式及目標，以平常心看待教育觀念及價值觀的落差。但若沒有良好的親師溝通，就容易加深彼此的誤解，以致雙方都誤以為對方推卸責任，更難彼此接納。

發現學生的問題來自於家庭時，老師可設法補償其缺失，但不必承擔全部的教育責任。應適時協助家長接受親職教育，提升其責任感

與教養知能。

法則二、搶得先機

發現學生有狀況時切莫拖延，把握「第一時間」與家長聯絡。如果聯絡不上可先留言，或以電子信件與家長接觸。要及早解決問題，才能避免事態擴大或來不及挽救。親師溝通之後還要加以追蹤，預防類似問題再度發生。若學生問題或家長的需求超過老師的輔導能力時，應儘快「轉介」給學校相關單位，共同討論是否到校外輔導機構或醫院診治。

法則三、正向愉快

親師之間若能相互了解與合作，就可避免單方面奮鬥、事倍功半。團結力量大，學生才能得到最好的教導與關照。與家長溝通時，要先詢問他們對學校或老師的要求；不論做不做得到，先儘量聆聽、不要反駁，以免發生不必要的對立與衝突，影響之後的親師合作。

法則四、注重說話藝術

教師的某些話，學生聽了會感動；同樣的，家長聽了也會感動。所以，老師要多說下列的話。直接讚美孩子，等於間接讚美父母，多多欣賞及肯定父母對孩子的付出。

您的孩子很有禮貌，常常幫助別人，這是家庭教育的成功。
您對孩子的教導真用心，孩子進步好多。
您真是我們班的貴人，每次都幫班上好多的忙。

謝謝您把這麼優秀的孩子，放心的交給我。

有你們這樣的父母，您的孩子真幸福。

謝謝您如此配合，我是很幸運的老師。

您工作這麼辛苦，還很關心孩子，真是位好媽媽（爸爸）。

孩子的氣質及言行，可感覺出他受到很好的教養。

孩子不壞，只是沒有找到好方法。

如果不是家長的配合，孩子不會進步得這麼快。

您的自信與快樂感染了孩子，孩子也和你們一樣樂觀。

您的孩子真是天才，學習力強、常識豐富、口才好。

第七篇　因材施教

——讓每個學生都有尊嚴

1　鐵杵磨成繡花針

「鐵杵磨成繡花針」，是詩仙李白少年時的故事。李白從小聰明卻不好學，一天到晚四處遊蕩，一次看到一位婆婆磨著鐵杵，好奇的問：「你在做什麼啊？」婆婆回答：「我在磨繡花針啊！」李白覺得好笑：「那麼粗的一根鐵杵，要磨多久，才能變成一根繡花針啊？」婆婆說：「只要功夫深，鐵杵磨成繡花針。」李白頓時「懂了！」從此把自己當成鐵杵，天天磨練，終成一代詩仙。

現實世界裡，不能指望所有學生都像李白，能夠「頓悟」而「自我磨練」。大部分的人很被動，需要「有力人士」推動，才能從「舒適區」中走出來，開啟內在潛能。老師要扮演老婆婆的角色，將學生當成鐵杵來磨練。學生也得有自知之明，甘於接受磨練，感恩老師「知其不可而為之」的努力。

沒有了老師，大多時候根本學不久、學不好；例如，我學習「正確發聲」，三年來，因為沒有好好練習，所以一直原地踏步。裘尚芬教授即使聽遍優秀、專業的聲樂演出，仍不嫌棄我這個不優秀、業餘的人殘害她的耳朵，依舊「有教無類」、「因材施教」的繼續磨練我。

我的瑜珈老師——李越英老師也是，學瑜珈需要將筋骨一點一滴的磨練，兩年來若沒有李老師的嚴格督促，我早就因為怕苦、怕累、怕痛而放棄了。剛開始，李老師交代我每天練習一小時，但我都找一堆藉口，「證明」自己不是故意偷懶。李老師只好減輕我的負擔，改為「每天練半小時」，再改為「隔天練半小時」，我還是做不到。她只好說：「至少上課的九十分鐘認真練習」。李老師很了不起，即使

我因懶惰而「不進則退」，她還是能找出表現較好的地方而誇獎我。

唉！我實在是「被動」得無以復加，可見老師對學生的「磨練」有多必要。

使學生從被動到主動

我是成年人了，猶做不到自動自發，所以也不敢指責學生被動、偷懶。即使「心知肚明」學生在找藉口，仍得誨人不倦，繼續認真教、不斷鼓勵學生。使學生能學到東西，維持學習動機。以一個班級來說，要帶領「大多數」學生由被動到主動，可行步驟如下：

> 步驟一，將學生從被動到主動的情形，分成若干等級（例如：很被動、有些被動、自動等三等級）。
> 步驟二，因材施教，依不同等級給予不同的教導方式。
> 步驟三，鼓勵不同等級的學生，經由努力而將個人潛能盡力發揮。

人是不可比較的，每個人的資質不同，對於同一件事的表現，就無法相提並論。分等級的意義在於：了解個人的目標及目前的狀況，才能因材施教。

最近有本暢銷書《深夜加油站遇見蘇格拉底》（亦有同名電影），敘述一位就讀名校的大學生（亦為國家級體操選手），表面上擁有很多，內心卻彷徨不安。有一天，他因睡不著而半夜到加油站附設的商店買東西。遇見一位看來年邁卻身手矯健的加油工，接受他的啟發後，才慢慢認識真正的自己，懂得珍惜人生。老先生不斷以「反問」方式，要他思考人生，所以主角就稱他為「蘇格拉底」。

　　我們想成為學生的「蘇格拉底」，就要自問：我的專業夠不夠專精？我的溝通技巧夠不夠有力？否則就難以引起學生的動機、建立穩固的師生關係。在引導學生的過程中，同時要能面對學生的抗拒，不怕學生來「嗆聲」。

2 打造學生的幸福學堂

每學期開學前，是我最忙碌的時候。要「除舊布新」、「日新又新」，要施行更多新點子、好點子。因為學校及班級不同，教學方式也得隨之調整。所以，寒暑假是「備課」最重要的時間，包括「充實教學內涵」及「精研教學技巧」。

要改進教學，除了備課之外，另一件重要的事，就是觀摩其他教師的教學。我聽聞不少充滿魅力的老師，讓學生捨不得蹺課；聽到學生讚美這類老師，就好想立刻觀摩他們的教學。不僅年輕老師需要觀摩資深老師的教學，以我從國中教到大學，超過三十年教學年資的體會，資深老師也要多觀摩優秀年輕教師如何教學。

當蕭老師的學生，是幸福的

我觀摩了女兒的國中英文老師——蕭老師的教學，因為，女兒原本很怕英文，總在顫抖及淚水中度過；單字背不起來，搞不懂「自然發音」，成績當然殿後。國二時遇到蕭老師，成績明顯有了起色，常聽她說蕭老師多好多好。國三上學期，當大家忙著準備基本學力測驗，女兒卻親手繪製許多聖誕卡，送給所有老師及全班同學（共畫了五十幾張，花了三個月的課餘時間）。別的老師都覺得浪費時間，只有蕭老師說：「我不會阻止你做什麼，我相信你有自己的想法，你會好好安排及分配時間。」女兒未來的志向是「歷史系」，一般人都認為冷門，蕭老師卻說：「我相信你的發展是多元的，不管你在什麼領域，都會做得很好。」女兒常說：「當蕭老師的學生，是幸福的。」

聽完一整節蕭老師的七年級英文課，我的感受及感動是：

1.學習是沒有壓力的

在蕭老師的班上，每個學生都受到尊重，她完全沒拿老師的架子或權威來勉強學生。蕭老師對學生「關注」而不「監督」，不管你是什麼程度或表現傑不傑出，她都不會比較或責備，學生很有「安全感」，上課一點也不緊張。蕭老師的教學節奏緊湊，卻令人感到舒暢。

2.學習是自然的

對於能學、肯學的學生，蕭老師清晰的引導，就能使他們自然的學會，輕輕鬆鬆的記住重點。對於學習程度及意願較弱的學生，蕭老師也能依照他們的情況，給予適度的期望及鼓勵。所以，班上每個學生都能到成長。

3.學習是愉快且有深度的

蕭老師會配合課程教唱英文歌曲，幾乎每一節課都這麼做。那天的課文與季節有關，於是蕭老師教唱《Seasons in the sun》及《Vincent》兩首歌。將歌詞中與季節有關或教過的單字，設計成「填空」的學習單。讓學生先聽兩、三遍歌曲，再填出空格的單字。這個方法十分有趣及富於深度，讓學生邊唱歌邊練習聽力，也學到更多單字。

蕭老師對學生的尊重與鼓勵，已到渾然天成的地步，讓我也好想當蕭老師的學生。我欣慰女兒能碰到蕭老師，進而喜愛英文。

人生的轉捩點——遇到好老師

獲頒教育部「技職之光」的蔡佳緯（王維玲，2010），就讀樹德科技大學資訊工程系，他感念在高二時遇到的王瑞山老師，使他發

憤圖強，從一個被退學的孩子，轉而在一年內考取二十二張證照。蔡佳緯國三時的某次段考，寫完考卷後趴下來休息，卻被監考老師打（擊中尾椎）；他將老師手上的棍子奪下，老師則向教官投訴他的攻擊行為，這件事還上了報紙社會版。當時他是老師眼中的頭痛人物，基測前夕被退學而轉到私校；使原本不愛念書的他，更不喜歡上學。高一時，因缺課太多而一度休學、二度轉科，直到高二復學遇到了王老師，人生才有了轉機。蔡佳緯說，王老師是唯一關心他的人；對於不想回想的過去，老師要他正面思考，鼓勵他學一技之長。受了王老師的影響，他才發奮「考照」。

師鐸獎得主吳秀菊老師（吳文良，2006），民國64年自臺北師專畢業分發至板橋埔墘國小起，一教就是三十三年。她說：「我愈教愈覺得有趣、快樂，就想一輩子教下去……。」她一直擔任導師，除了樂於與孩子做朋友，更與家長保持密切的聯繫與溝通。她愛班上的每個學生，下課時不少學生纏著她；還有學童坐在她的腿上，向她訴說心事。

暑假時，全班學生及家長會包遊覽車到她南部老家；大夥兒在稻埕中烤肉、玩遊戲、打水仗，親師生三方和樂融融。她對特別需要照顧的特殊生──視覺、情緒障礙學生，更是用心，幾乎形影不離。與這類學生的家長，也能持續溝通。對於被特殊生干擾到的孩子，吳老師則教導他們同學之間的尊重、包容與關懷。

只要是學生，就需要老師的關懷

不僅是高中以下、未成年的學生，需要老師的關懷；如今的大學生也需要教授多多關懷，各大學具體的做法如下：

1. 課後指導時間（Office Hour）：以世新大學來説，專任教授每週安排10小時課後指導時間，4小時固定時間，6小時採預約方式；實施成效將納入教師年度評鑑。政治大學則為，擔任導師之專任教師，每週需勻出2小時office hour，提供同學就教老師。未擔任導師之專任教師，雖無強制要求；唯每位老師仍會視需要，隨時給予前來尋求協助之學生諮詢服務。

2. 期中學習關懷追蹤登錄：以世新大學來説，學期初至期中，校方會請老師上網登錄班上需要輔導之學生，並輸入簡單評語（如曾面臨二分之一學分不及格、缺席太多、缺交作業、上課較不參與……），讓其他任課老師了解，並共同輔導。

報載（劉星君，2010），屏東高鳳數位內容學院的新校長嚴國慶，為表達關懷學生的實際行動，自8月1日上任起，就住進學生宿舍，這是大學校長與學生同住的首例。總之，目前各大學在關懷學生這部分，都愈來愈重視及用心規劃。

3 如何面對「特別的學生」？

教學三十年的心路歷程，最大的轉折應該是「如何面對特別的學生」這部份吧！誰算特別的學生？從前，也許是優秀、「得天下英才而教之，一樂也」的學生。而今已「換人做做看」，除了「身心障礙學生」需要特別關照之外，我眼中的「特別學生」是：常遲到的、翹課的、上課不專心、睡覺的，甚至是讓人覺得無計可施、很想放棄的學生；然而，他們更需要多給予「特別的愛」。當然，我還是會注意用功、能展現自我的學生，只是他們較能自動自發，不斷給予「肯定」就可以啦！

但對似乎渾渾噩噩的學生，就要多花心思。我的教學重點不在於感慨或責備，而是建立正向關係，才能真正了解與幫助他們。要做到這些，就得運用課後時間，包括體力及金錢（請他們吃飯、喝咖啡）。學生爬不起床（不僅是早上）、生活作息不正常、打工時間太多等，是他們學習動機低落的表相，而非真正的原因。所以，我要做的，不是消極的以分數來脅迫他來上課，更要積極的關心他、鼓舞他、協助他，讓他珍惜自己而真心想要學習。

超乎想像的收穫

多年來對這些特別學生的額外付出，收穫超出想像；除了解決了他們表面的課業與行為問題之外，還適時消除了他們長期的困擾：

1. 心理創傷或疾病：我曾擔任大學學生輔導中心主任及大學輔導老師近十年，並教授心理學、輔導原理、諮商理論與技術等

課程。基於這樣的經驗，對學生之心理創傷或心理疾病較為敏感。除了提供他們求助的窗口外，也協助轉介至學校心諮中心或醫院身心科、心理診所等。學生得到實質幫助後，會陪伴其他類似困擾的同學來找我。因為這些深入的交談，師生間更為投契，教學效果也更好。

2. 家庭或親子關係的問題：比起心理疾病，大學生與父母的關係「似乎」沒那麼棘手；其實不然，許多心理疾病來自親子相處的問題。所以學生覺得跟父母不能溝通，卻願意把痛苦跟一個與父母年齡相仿的教授談談時，感覺就很奇妙。我非常高興能為大學生與他的父母之間，搭起友誼的橋樑。

3. 自信心或目標不足：這部分是聯考挫敗後普遍的心理問題，考不好的學生喪失大半自信，甚至覺得自己一無是處，不知何去何從。所以，儘早與他們談談這個問題，想通了，才不會浪費學習時間，能及早活出自我。

4. 較少受到關注與指導：不少學生是我主動找他們來談的，這也是他們求學過程中，極少數與老師互動的經驗。有些學生不可置信，懷疑老師的用心。於是我更加關心他，給予更多的溫暖，讓他真實感受到我的誠意。我常請學生到家裡吃飯，就是為了給學生看到我真實的一面。其實，我做的菜很「霸氣」（就是「不精緻」的意思）；我會放很多食材，但很少調味，可憐的學生只能安慰我「這樣吃很養生」。但我真正的希望是，學生能「吃在嘴裡，甜在心裡」。

5. 有潛力卻未獲得開發與訓練：多關懷及鼓勵學生，可以讓有潛力卻自信不足的學生得到「催化」，敢於嘗試與冒險。有了突破及成功的經驗後，才會真正的開朗與開心。《你的桶子有

多滿？》（How Full Is Your Bucket？）（張美惠譯，2011）一書提到，我們要多為別人的桶裡「加水」，使人更積極、正向。不要從別人的桶裡「舀水」，使人軟弱、退縮。老師應該是個移動式的「加水站」，能主動加水給需要的學生。

有捨才有得

其實，對學生的付出，並沒有想像中困難，不需要太多輔導的專業知能（力有未殆時，趕緊「轉介」給心理輔導單位等）。下列方式，均屬老師可以對學生「布施」的範疇：

1. 言語布施：多說關懷、鼓勵、讚賞、肯定與正向回饋、誠懇建議、安慰等好話，「一言興邦」，可使學生重新振作、精益求精。

2. 笑容布施：笑容可掬的人，適合做生意，視顧客有如家人，使顧客不由自主跟老闆聊起天來。好老師也一樣，如果像個微笑天使，學生就會不知不覺被吸引，自然開口說出心中事。

3. 時間布施：天下沒有不勞而獲的事，想要有教學成果，一定得對需要特別幫助的學生，付出更多時間及心力（含課後）。

4. 經驗布施：老師自身真實的經驗，是學生很寶貴的參考資料。因為「言教不如身教」，老師走過的路就像「前人種樹，後人乘涼」，是學生很好的「前導」。

5. 誠意布施：教育工作最可貴的，就在單純的師生關係。老師對學生只有無私的奉獻，完全不求回報。

6. 空間布施：包括為學生布置適合學習的環境，或提供自己的空間（如辦公室、家裡）與學生分享、供學生「使用」（包含心

靈的休息）。

　　良好的師生關係，如同梁靜茹所唱「暖暖」一歌；如果學生對老師是：「你說的我都會相信，因為我完全信任你。」那是因為老師讓學生感受到：「細膩的喜歡，毛毯般的厚重感，曬過太陽，熟悉的安全感。」以及「細膩的喜歡，你手掌的厚實感，什麼困難，都覺得有希望。」

　　另外，五月天所唱「小太陽」，也有異曲同工之妙。「你就是太陽，蒸發了彷徨；所以挖開土壤、種下希望，離開了故鄉。……你就是太陽，照亮了方向；你讓地球旋轉、月亮發光，讓我有翅膀。」老師就是學生的「小太陽」。

　　慈濟歌曲「人間有愛」，也是對待學生的良好指標。學生感謝老師：「給了我溫暖的擁抱，讓我擺渡過生命低潮。」老師對學生則是：「用真心給了你了解的微笑，陪著你解開心事困擾。」老師甘願這麼做，是因為：「看著你抬起頭，淚停了那一秒，感動在胸口圍繞。」而且老師相信：「人間有愛值得去期待，長久封閉的心終究會打開。」即使面對最抗拒的學生，仍相信：「體諒會化解傷害，關懷會化解疑猜，最動人的愛是信賴。」

4 為了學生而學習、成長及改變

　　即使是大學教授，為了教學成功，一樣要進修教育與輔導知能。因為教育的某些觀念及作法若不更新，就會落在時代（及學生）的後面。然而，不少老師不喜歡參加研習，也許因為某些活動讓老師覺得沒有收穫。我應邀擔任研習活動講座時，常看到老師被迫參加，而沒有好臉色或做自己的事。有一次，我到一場兩校合辦的研習活動擔任講座。進入會場時，看到主辦學校及客校的老師都搶坐到後面，甚至把前面的椅子往後搬。雖然主辦學校教務主任一再拜託，大多數老師仍不願到前面來。讓我覺得「如坐針氈」，好像自己是不被期待的、離得愈遠愈好。我壓抑著「想離開」的衝動，想到孫燕姿「遇見」這首歌：「陰天、傍晚、車窗外，未來有一個人在等待。向左、向右、向前看，愛要拐幾個彎才來？」此時的會場則是：「陰天、下午、會場裡，臺上有一個人在等待。向左、向右、向前看，心要拐幾個彎才來？」這樣的被迫「遇見」，真是悲哀！

　　我向賈馥茗教授請教，要如何面對及改善這個現象？賈老師認為：即使老師不喜歡這種「被迫參加」的研習，也要明理：「人為的事有優點也有缺點，要把握優點，拿出好主意來改善缺點。老師要明白，很多事情不可能都符合自己的理想；先不要堅持己見，多看一看、想一想。在不合理之中，做合理的事。」

　　三十年來，我與「教師研習」結下不解之緣，也看到各級學校教師進修活動的蛻變與興衰。新興的部分如大專院校，因為教育部推動「教學卓越計畫」，於是各校紛紛成立了教學發展中心（教學資源中心或教學卓越中心），舉辦各種教師研習，建立教學評鑑及教師成

長課程認證制度。衰退的部分如國民小學「週三進修」及國高中教學備課研習，因為沒有明確的法源依據（如：教師換證、教師分級、教師專業評鑑、教師進修認證等），所以不能「強迫」教師研習。尊重老師自由參與的結果，到場者常不到總數的一半。使承辦的行政同仁（及主講人）倍感挫折，不知該如何做，才能符合老師的進修期待？

為了學生，我要改變

如果只是依照自己的興趣與意願來參加研習，那麼，出席人數不到一半情有可原。若是為了幫助學生及家長，老師就有「義務」參加進修以改變自己。獲得民國99年師鐸獎及Super教師獎的金門金城國中英語老師周鳳珠（詳參徐藝華，2011：98-103），自民國58年教書至今已過60耳順之年。為了學生，她把握機會充電及進修，以趕上變動不羈的時代。民國98年，她剛接下兩個新班，蜜月期不到兩星期，學生上課時睡覺、說話、遲到的本性就一一顯露，斥責後不但沒有改善，學生甚至飆髒話頂撞她，讓她有很大的挫折感與心理衝擊。

反覆思索後她決定：「不行，我必須做改變！」於是她改以親情呼喚來代替指責。她自稱「mother teacher」，學生則變成「12號兒子」、「御喧女兒」……。如此一來，學生被糾正了，也不會感到「做不好被歧視」而心生仇恨。周老師的真心付出，使學生明顯變得積極學習、懂事。由這批孩子畢業時寫給周老師的卡片，即可看出豐收的成果。例如：

> 「阿母：我永遠不會忘記，有一個非常愛我、關心我的阿
> 　母。薛○妮」

「給阿母的話：我們能被您教到，應該是上輩子修來的福氣。等我以後回想起您上課的情形，都還會偷笑，因為被您教到真的很幸福。永遠愛您的兒子蔡○倫」

「原本是廢人的我，因為您的母愛，讓我重新找到希望，謝謝您，阿母！林○賓」

有一次，一場教學知能專題演講中，我提及自己為了學生而學習流行歌曲時；有位教授質疑：為何要如此「配合」學生？我回答，就像金門的周老師一樣吧！「為了學生，我必須做改變！」我還很勇敢的參加學生的歌唱比賽呢（當然輸啦）！也試著改變自己的穿著（想從52歲變成25歲），想跟學生的距離更近。

成功的教師研習活動

「辦什麼活動，才能吸引老師參加、符合進修目標？」這個問題不僅困擾著學校行政同仁，我自己對答案也很好奇。以下提供兩則我認為的成功研習，提供學校行政參考及轉換。

成功研習之一：參加的老師，從十多人到五十多人

某年暑假，接到勤益科技大學的邀約，要我開學前為新進教師專題演講。剛開始我覺得，只有十幾位新進教師，跑一趟臺中，會否不合時間成本？後來他們告訴我，報名人數還持續增加，我不禁好奇，既然「只是」新進教師研習，誰還「有興趣」參加？

請教該校教學資源中心主任才知，原來他們參考高雄醫學大學「教師成長計分辦法」辦理，重點如下：

1. 每學年規定之基本分數：教授六分、副教授八分、助理教授九分、講師十分。基本分數中，三分之二應為教學發展中心主辦及合辦之活動。

2. 分類成長分數之特別規定

   (1) 教學成長分數：前一學年度因教學評量成績須進行教學輔導之教師，至少四分；新聘教師第一年，至少五分。

   (2) 研究成長分數：五年內未發表論文或無研究計劃之教師至少三分。

   (3) 自我成長分數：專任教師至少三分（輔導知能、性別平等教育、倫理法律三類別，每位教師每學年至少各一分）。

3. 凡參加經教學發展中心核定之教師成長系列活動，每兩小時核計一分；50分鐘以上未滿兩小時之活動，一場次核計一分；參與時間滿50分鐘者，始予核計教師成長分數。

勤益大學規劃的「教師成長課程認證制度」，屬鼓勵性質，沒有強制性。但有些老師為了年度成效評估，需要分數認證（新聘教師八分、一般教師六分，每2小時研習可得二分），就算「被動」參加研習也不錯。主任發現，其實，來參加的老師大部分是熟面孔，他們不在乎分數，是真的樂於學習。所以，這些教師覺得學校不需要以「分數認證」來「提醒」參加研習。但是，承辦的行政同仁覺得，有了相關辦法還是「利於」研習活動的辦理。

主任相信，為各系（所）老師舉辦不同於原本專業的教育相關研習，真的有其必要。因為該校以工科為主，教學的相關研習，可彌補與滿足工科老師對教育專業的渴望。當天，五十多位參與者中，大都

不是「新進教師」，卻十分熱情與謙虛。回程的高鐵上，我想，這一趟還是「值得」的！

後來我去另一所中部知名大學，擔任教師研習講座時發現，因為該校沒有「教師成長課程認證」制度，所以承辦同仁擔心的事情果然發生了。原先四十多位老師報名，但真正來的只有一半。幸好，參與的老師給我的印象很好。開始時他們坐得較後面，在階梯教室要仰著脖子與他們互動很辛苦。於是我請求他們往前坐，立刻就有老師採取行動，讓我「萬分」感動與驚喜（多半的情況是「不動如山」）。之後的學習態度，也百分之百謙虛。

成功研習之二：欲罷不能的教育專業會談

昔日，中小學教師研習活動是「大家一起來」，如今則是「自由參加」。兩種都有缺點，前者不一定符合教師需求，後者則是不少老師直接選擇「缺席」。最近「教師專業學習社群」崛起，正可彌補兩者的缺失，完成兩者的優點。例如，臺北市延平國小「教學輔導教師團隊」，以「專業會談」方式進行研習。參加老師雖然只有十人，過程卻深刻動人。對我這個外人，他們展現出完全接納的態度，宛若多年的老友。不僅提出自己的問題，且能自我反省、自我激勵。求新求變的態度，令我既感動又驚喜。我只需「陪伴」及「啟發」，不必唱獨腳戲。研習結束時，主持人三次提醒大家「時間到了」，老師們仍欲罷不能，屢屢啟動新話題。

我喜歡這類專業對話的小團體研習，老師的參與意願高，而且多次進行，容易建立親近與信任的關係，又可深入會談以追蹤老師應用研習知能的狀況。身為帶領者的我，有「教學相長」及「高峰經驗」的感覺。許多學校的研習活動常因時間不足（多半只有一個半小

時），在內容及問題解答上無法深入及持續。如果把「有心成長的老師」比喻為好茶或咖啡，研習活動是一壺水；那麼，時間及深度不足，就好比水沒有燒開、溫度不夠，因而無法泡出好茶或煮出好咖啡來！

如何舉辦一場不浪費時間的教師成長活動？

基於上述觀察與心得，若要舉辦一場成功的教師研習活動，可行方式如下：

一、學校行政方面

（一）進行教師進修需求之市場調查

1.以無記名方式，詢問老師最近參與過的研習活動中，最有收穫的是哪些？原因為何？

2.由各領域教師團隊的審查，提出各領域或全校之短中長程專業成長計畫。

（二）增加教師進修活動的彈性及多樣化

1.舉辦各式研習活動，以符合不同教師的學習需求，如：學期制、工作坊、讀書會、座談、參訪等。

2.鼓勵「教師專業社群」自主性辦理研習活動，由教育局或學校撥發若干經費補助。

二、教育行政方面

（一）訂定教師專業成長「規準」

1.制定教師專業成長相關辦法，具體規範研習的範圍、時數、方式與考核等，使學校及研習機構舉辦活動「有法可據」。

2.落實教師進修考核，以免進修徒具形式、有名無實。

3.將相當比率的研習活動，交由學校或教師專業學習社群辦理（可補助經費），但須核備與成果考核，以確保研習品質。

4.由專責單位（例如：國家教育研究院或各縣市教師研習與教育研究中心）統籌規劃「系統性」研習活動，以確保研習品質。

（二）教師研習活動之評鑑與交流

1.定期舉辦研習單位主管聯席會議（每學期至少一次），以便經驗交流與集思廣益。如：各大學之教學資源或發展中心、各縣市之教師研習中心、各中小學之教務處與輔導處。分區及定期交流，才能避免獨自摸索、盲點太多、事倍功半、資源浪費。

2.進行教師研習活動評鑑，優異者給予經費獎助，未達規準者則限期改善。

3.將教師研習活動之成功經驗，以文字或影像記錄下來，提供各校、各研習機構參考。

　　近十餘年之教育改革，使得教師負擔加重了；好長一段時間，我擔任研習主講人，都感受到中小學老師的「消極反抗」。演講受挫後，我總求助於賈馥茗教授。她說，這種現象其來有自，若老師不出席研習，校長要有辦法，先找些比較講道理的老師參加，讓肯來的老師有些好處（準備「點心」也好）。若老師不講理，如何讓學生懂道理？主講人遇到老師在研習會場不肯配合，或做其他事情，要以幽默的方式因應。例如：這位老師不想移動位置，就讓大家改變座位來遷就他，或到他的跟前演講！

第八篇　享受教學

──我下輩子還要當老師！

1 立下「當老師」的志向

有人問賈馥茗教授：「下輩子你要做什麼？」她立即回答：「別的都不會，還是當老師吧！」為什麼她對教育工作這麼有熱情？對日抗戰時，馥茗恩師失學了八年，只能在家自修。看到國家衰弱至此，冷靜分析後決定，如果有機會讀書，她一定讀教育，因為（王萍訪問，1992：20）：

> 不論哪一行、哪一業的人，都是老師教出來的。如果教育辦得好，社會、國家才能富強。我立下志願要當老師。

馥茗恩師對學生無私的關愛，來自她的家庭背景（王萍訪問，1992：5）：

> 我們的家庭充滿一片祥和，兄弟姊妹對於父母只有愛和敬與感激，彼此之間也是手足情深。由此我深信一個家庭主婦，對於家庭氣氛的塑造有很大的影響。母親勤勞節儉，但在助人方面卻慷慨大方，給我們建立了終身不渝的信念。我對家庭觀念的深切、對家庭的情感、對家人的依戀，也就可想而知了。

我有幸受教馥茗恩師門下，自然認為「應該如此」。唯有真正幫助學生，感覺自己是個好老師，才能享受教學。

馥茗恩師對我的教育態度影響甚深，當我拿到博士學位、卻一直

找不到自認理想的工作時，恩師提醒我：「不要問自己在什麼位子，而要問有什麼貢獻？」後來我以類似「走唱」方式，四處兼課、開班及演講時（真的是「邊上課，邊唱歌」），一般人覺得「難登學術殿堂」，馥茗恩師卻以正向觀點看待（2007：221）：

> 如果不教音樂課的教師，在教學時唱起歌來，可能會被人誤以為是神經病。實則中小學教師上課時，發現學生有倦怠的表現時，暫停下來，教學生唱個歌，立刻就可使他們振作起來。這不僅是活潑教學，同時也有調整情感的作用。如果教師自己不善歌唱，教學生唱，或利用教具，都可達到這個目的。

大學畢業三十年了，我仍會唱母校（臺師大）的校歌，為什麼？應該是「擇善固執」——堅信教育的功效吧！

> 教育國之本，師範尤尊崇；勤吾學，進吾德，健吾躬。
> 院分系別，途轍雖異匯一宗；學成期大用，師資責任重。

大學畢業後，我繼續就讀母校的「教育研究所」。讀了十年教育，運用在長子身上卻不靈光，常懷疑「我這樣教他，到底對不對？」許多人「複製」自己成長的成功經驗來教育孩子，例如2011年《時代雜誌》全球風雲人物的「虎媽」蔡美兒。但以我對教育多年的探究發現，蔡美兒眼前的成功不等於永遠的成功，她還是有育兒的焦慮感。許多親職演講的場合中，我看到不少家長對教養子女的強烈矛盾。其實，教育並不是「公說公有理，婆說婆有理」的主觀方式，

仍有「正確的」教育觀念。

父母的教育觀念

我從教養長子的挫敗經驗中，逐漸修正我的教育觀念。剛開始，我不知如何「期望」孩子，總是「貪得無厭」，以過高標準讓孩子覺得壓力好大。親子之間產生惡性循環，總在「高標準」及「只許成功」的要求下，使孩子更容易「失敗」，我則更加「失望」。

我不知如何「陪伴」孩子，只在忙碌之餘撥出一些時間，而且不太「專心」。有時又把孩子「押」在眼前，逼他做數學或背英文。當自己「疏於關照」時，為了掩飾罪惡感或歉疚，就說孩子應該學習獨立。當孩子表現不理想時，又一味指責他不懂事、不用心，彷彿全都是他的錯，卻從不反省自己，只單方面宣洩為人母的灰心與傷心。德蕾莎修女說：「人生最大的挫敗是灰心。」如果父母灰心，孩子如何能產生信心？

對於比哥哥小九歲的女兒，我仍有期望，但更重視她的夢想。我接受她的失敗，希望她不要「過度反應」——失敗只是「失誤」或「還沒學會」。我花更多時間且全心全意的陪伴她，包括：為她做晚飯、帶便當，固定時段與她一起閱讀課外書籍、玩數學、讀英文、練字、寫作文。

自她讀小學起，我就給予充分的信任與尊重，不「幫」她安排寫作業、讀書、休閒的時間。我關心與支持她的興趣與目標，因為，唯有她的「熱愛」，才能自動自發及自我管理。國小至今（高三），女兒都能自我管理，包括：撥鬧鐘自己起床，做讀書計畫與時間管理，以計時器設定讀書時間與順序，有時間從事休閒娛樂，愛看課外讀物（含心愛的漫畫），擅長畫漫畫等，也常參加同學聚會，睡眠更是十

分充足，能在晚上11點上床，從未熬夜讀書。最重要的是，我永遠不對她表示灰心。

日本趨勢專家大前研一認為，這個時代（M形社會），真正聰明的父母，應投資在孩子身上的是「時間」，而不是盲目的花大筆「金錢」，以為把孩子交給補習班就有效果。「時間」才是孩子最需要，以及最能盡到父母責任的利器。有了充裕的時間，才有辦法給孩子足夠的物質與精神糧食。物質是指三餐的照顧及溫馨的家庭氣氛，精神則指與孩子談心，具體指導子女解決生活困擾與人生問題。

老師的教育觀念

我在大學任教超過二十年了，從前的學生較循規蹈矩、尊師重道；而今我常有「事倍功半」甚至「難以招架」的感覺。其實是因為自己「心虛」—教學準備不足、無法了解學生的心思。現在，我花更多時間備課，設計更有趣及深刻的教學活動。遇到學生缺席、遲到、坐在教室後半（前座空一大片）、聊天或做其他事情時，不再只是責怪學生，而會自我檢討，如：

1.為何無法吸引學生「想聽」？
2.所教的是學生想接收的嗎？
3.如何讓學生覺得這堂課不浪費時間？

再來則是更了解學生，包括校風、系所特色、家庭背景、個別特質等，才能對症下藥、因材施教。其實，我的教學精彩、豐富之後，上課的情形都能獲得改善。有些學生則需要額外付出時間及心力，幫助他們排除學習的身心干擾，才能使他們專心向學。

2　教學是義務，更是享受

　　有一年，國中基測作文題目是——「夏天最棒的享受」。青少年多半寫著，吹冷氣、吃冰棒、游泳就是夏天最棒的享受，較少從精神層面探索。我問馥茗恩師：「如何引導孩子懂得享受夏天，進而享受人生？」恩師聽完我的問題，說：「你這個題目出錯了，人生不是享受，而是義務。」

　　恩師告訴我，一個活動到底是不是最棒的享受，要看自己是否覺得有趣？「有趣」不是一下子就能決定的，必須接觸一段時間還願意繼續，才能產生更高的樂趣。

　　好吃的東西吃多了就不是享受，能從勞心或勞力的活動中，體會出意義或趣味，才算是享受。享受不是外來的，心領神會之後，即使做完了很累，仍然覺得快樂，而且慶幸做了這件事。「享受」是從「必須做卻不喜歡」，變成「必須做也喜歡做」的心路歷程，也就是認為「應該做而自動做」。「應該」就是「義務感」（duty），義務感開始時可能帶有外力強迫，慢慢習慣、有吸引力了，就能自動去做。

　　胡適說：「要怎麼收穫，先那麼栽」，以老師來說，教學是義務，至於能不能成為「享受」，就要看老師是否用心耕耘、不急功好利；總要努力一段時期，把學生教得好一點，才會有享受的感覺。唯有依著良心教學，發現我「應該」這麼做，而且甘心為學生付出。所謂「精誠所至，金石為開」、「頑石點頭」，學生終究會正向回應。努力的過程中，老師要挺得住，不受內外在的負面影響。盡力付出之後，學生的回饋就是教學最大的享受。以下六則學生的書面回饋，可

證明我的教學享受。

享受實例之一

　　回想第一次上課，老師很自然的唱起歌來，讓我印象深刻，第一次有老師能跟同學有那麼多互動。雖然大家都知道師生溝通的重要，但身體力行卻不容易。

　　與人約會要準時，這觀念很早就在大家腦袋裡了，老師卻讓我有更深的感受。如果遲到了，進入教室該怎麼走，這一連貫的教導非常完整，我也實際操作過一遍。

　　看到老師處理事情，都以「雙贏」為優先考量。其實若能體諒人都會犯錯，或許下次就較能「理直氣和」表達自己的想法了。

　　在社團裡需要與講師聯絡，當老師提到電話中的自我介紹或邀請時，就很有感受。說話要有目標，像是姓名、單位、目的、時間、地點，需要事先準備某些資料，其實只要有一套流程，就不會忘東忘西。很多事情的大方向我們都知道，但經老師把細節補充進來，就像把原本的骨幹填上了肉。

　　我們習慣的表達方式或做法，有時並不為別人所接受，這時觀察就很重要。從他人表達的方式中，可了解他希望人家怎麼對待他。舉例來說，有人生日喜歡收到禮物，有人則比較喜歡你的陪伴。

　　人際關係的維持沒有捷徑，就像老師說的，要時常替

感情加溫。不論是男女朋友、家人、朋友、上司、同學，不去經營，就勢必漸漸疏遠。

五分鐘的上臺演講，真的可以學到很多東西，不是紙上談兵。藉由上臺，檢視自己準備得夠不夠？若對內容不夠熟悉，就會過於緊張、眼神飄移、音量降低等；服裝上，還是穿得正式點較好。

專心聽其他同學演講時，最令我驚喜的，不是誰講得多好，而是大家整體的表現，比我想像的水準高很多。其實，工科學生的口語表達能力也不差嘛！不要妄自菲薄！有人很有個人特色，讓我開懷大笑；有的小組很有向心力，以共同的題目做一連串的演講。到後來，我是欣賞演講，根本不擔心他們的演講有什麼問題。

辯論比賽是我最有收穫的部分，一開始真的很排斥。在我的認知裡，任何事情都可以坐下來好好談。經過老師對規則的講解、辯論前瘋狂資料蒐集、小組討論、沙盤推演，到最後一刻上臺，一切都覺得很值得。辯論之後，我的想法改變了，或許辯論的過程並不討喜，但重點在事前的準備，可對某些議題更多的了解，比以前只是看電視新聞詳細多了。討論時，必須把找到的資料化為有力的論點，有架構、清楚的表達出來。雙方相互砲轟時，對方的想法也會激發我們新的想法。重要的不是輸贏，而是辯論後更確定自己的想法，日後能有條理的表達；對於與自己不同的想法，也能將心比心、設身處地。

謝謝老師在我們還是學生的時代，陪伴我們一起走

過，分享很多該注意的禮貌、溝通表達的方式及技巧。將來的路還是要自己走，這份師生關係希望一直存在。

這是臺科大「溝通與口語表達訓練」課程中，某位同學的期末心得；看得出來他非常投入，所以有許多收穫，也能體會老師的用心。其實，臺科大的學生各個都很用功與體貼，讓我十分感動。

享受實例之二

直到大四才選這堂課，因為我擔任過社團幹部，所以表達不是問題。但還是想趁著畢業前，了解自己還有哪些進步空間。雖然這樣想，卻遲遲沒按下「加選」。

一起在電腦教室選課的好友說：「我之前上過王老師的課，可以學到很多。」看他呆呆的臉、流露出開心的神情，還有那隻比著大拇指的右手，堅定了我選課的意願。大四不需要混學分，要學習更多來不及學到的知識。詢問好友上課的方式與內容後，知道這堂課需要演講、辯論，還有很多小組討論，看他述說時開心的樣子，我的右手就不自覺的按下「加選」。

終於到了期待已久的第一堂課，老師有沒有實力即將分曉。眼看還有幾分鐘才上課，老師卻很從容的進入教室，站在大家可以看到的位置，開始微笑瞇眼，跟進來的同學打招呼、點頭。上課鐘響了，老師說：「各位同學，

我們上課了。」頓時，大家安靜下來。接著，老師說了很多課堂規則，強調來這裡，思維要不一樣，首先就是「不能遲到」。

一堂課很快過去了，快樂的時光果然短暫，姑不論老師的口才有多強，肯定的是，老師絕對是個很好的教育家。上完這堂課，思維真的不一樣了。出教室時，看到很多人「加簽」，就知道自己很幸運上到這堂課，更想認真學習。

書本裡有很多溝通的方法、技巧，老師也會分享自身的經驗，使我漸漸改變火爆的脾氣；不再像以前那麼任性，可以較冷靜的處理事情。以前我像石頭，跟我吵一定會碰壁，因為我一定要比你強。不過，聽完老師說：「你永遠沒辦法知道對方是海綿或石頭，如果他是海綿，當然不會跟你吵；如果是石頭，而且比你硬，你就虧大了。但如果你是海綿，則不管對方是什麼，都吵不起來。」老師這番話很有道理，我也慢慢的改變自己。有一天，女友對我說：「你變得好溫柔唷！以前我做錯事，你都會罵我，害我緊張得越做越糟。現在你都會幫我一起收拾，還說沒關係。」這才驚覺，我也變成海綿了。

你看！這位同學的文筆是不是好得不得了啊！看著他所寫的回饋，眼前出現他上課時不論任何活動都全力以赴的模樣。也想起他到我家吃飯，一直稱讚自己的女友有多好……。真高興他已從石頭變成海綿……。

享受實例之三

> 老師對同學的愛心跟耐心，讓人非常感動。班上有一位同學比較沒那麼靈活，說話也較不清楚；老師沒有像有些老師一樣放棄他，反而給他特別的安排；在他報告時，很認真的給他回饋，並請其他同學也回饋。老實說，我好像沒有看到他在課堂上這麼開心過，常常看到他都是笑笑的！
>
> 我常遲到，但老師還是耐心的問我，讓我覺得非常不好意思，也很謝謝老師的關懷。如果有機會，真的希望再修到老師的課，我不會再遲到了！

這是國立臺北教育大學的學生，我對他們全班的印象都很好。如這位同學所說，雖然他常遲到，但仍願接受我的「嘮叨」，而且努力改善。其實他的課堂表現十分優秀，幸好我沒有因為他遲到，就否定他的內涵與能耐。至於那位說話較不靈活的同學，其實是全班上課最認真的一位，而且相當有深度，我很欣賞他。希望所有老師都能多給他回饋，讓他每節課都開開心心。

享受實例之四

> 上週五下課時，本想跟老師做個小道別。由於下學期老師開的課，有一堂我上過了，另一堂跟系上的課衝突

（目前還在考慮修哪一堂）。所以不知道，會不會是最後一次上老師的課？那種感覺有些說不上來，有些感傷，也有些失落。畢竟在教育學程的一年半來，每學期都修了老師的課。

期末考的成績，讓老師失望了，真的很抱歉！發考卷後，我請學長幫我看看，他覺得我大致寫到重點，但可能連貫性不夠或講得不完整。聽到學長這樣說，我真的頗高興；因為這學期在「管理學」的小組互評上，我也收到類似的評語。就是樂於提出點子，但是提出的意見有時不夠有組織。我自己讀書的時候，也有這樣的情形，總是將重點凝聚成一條一條的，卻不重視各條之間的關聯，我想這是理工人的通病吧！有機會被別人指出這樣的弱點，真的很棒！如此才有改進的機會。

希望下學期還有機會修到老師的課，就算不能每週見面，也希望能跟老師保持聯絡。真的謝謝老師給我的啟發，尤其是那些關於態度的事情！

看到這位同學的電子信函，這麼謙虛、能自我反省，又懂得感恩，是不是曾子或顏回投胎轉世啊？怎能不覺得我這輩子當老師，一定是前幾世做了善事的好報。這位同學是政大的畢業班學生，已經推甄上臺大了（臺大老師有福了）。更高興的是，這學期她決定選我的課啦（對不起另一位衝堂的老師）！

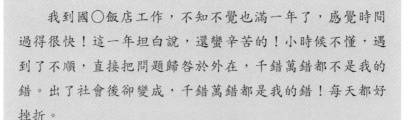

享受實例之五

　　我到國○飯店工作，不知不覺也滿一年了，感覺時間過得很快！這一年坦白說，還蠻辛苦的！小時候不懂，遇到了不順，直接把問題歸咎於外在，千錯萬錯都不是我的錯。出了社會後卻變成，千錯萬錯都是我的錯！每天都好挫折。

　　可是往好的方向想，開始有機會檢視自己，尤其是如何跟人相處。這個過程真的很不好受，很高興自己沒有選擇放棄。雖然一直不順利，甚至脾氣越來越暴躁。但只要不放棄，一定可以看到新的出路！

　　每當我憤怒或挫折、一個人走在回家的路上時，心裡就會浮現老師上課的身影，老師總是很知足、很平和。呵呵！想到老師，就覺得自己何必這樣不開心呢？一直鑽牛角尖，只會走不出來。儘管當下我無法想通，但決定把不開心的事放一旁，等我好一點了再來思考。

　　這一年是重新認識自己的一年，也許不好受，但值得吧！今年，也許下個月，我就要去完成夢想了！我申請到日本打工度假，打算同時念短期語言學校。雖然不知道這樣算前進或後退，目前也沒什麼值得驕傲的事跟老師分享，但是我很開心，我終於懂得面對、不放棄了。

　　這封電子信函來自一位文大畢業的學生，她能選擇面對、不放

棄，我為她開心。回想兩年前上課時，這位同學缺席了幾次（都有告訴我），但我仍想藉著「個別補課」了解真正的原因。我們相處了一個下午，先是在一個氣氛不錯的西餐廳吃飯（我請客），接著她陪我到一所學校專題演講。我們聊了很多，也發現了她的不快樂……。現在我放心多了，她已經較能掌握自己的情緒了。

享受實例之六

　　謝謝您在上課時給我的肯定，我從來沒有參加過什麼比賽，也不知道自己的演講表現很不錯。聽到您的肯定，我很開心。另外，也感謝您費心的教導，讓我改善了和母親的關係。「溝通」是一門實作、也是一門冒險的課程，它能改善自己與周遭人的關係。而一切的可能，都由「做」的那一刻開始。因此，這門溝通的學科上，應追尋荀子「實事求是」的態度；不論結果如何，先注重「人為」（＝偽）！

　　這位同學在一次上課的演講練習之後，寫了電子信函給我。他的演講表現真的很好，我的讚美是他應得的。真遺憾他的演講天份，沒有更早被發掘，希望日後他能發揮自己這項才華，開發這部分的潛能。另外，我還高興的是，他將這門課實際運用在生活上，改善了非常重要的母子關係。

　　教育工作是「有心」插柳柳成蔭，當老師真是「好人好事」

啊！焉能不開心？這樣的開心事，太多太多啦！所以，我也想跟馥茗
恩師一樣，下輩子還要當老師！

3 教育如何回歸正途？

　　我與中壢國小的志工媽媽相處了一年，在親職成長課程結束前，我請她們每人寫下一句「最想對自己孩子說的話」，代表這一年的領悟，整理如下：

教育觀念的領悟

一、希望孩子「做自己」

　　每個人都是獨一無二的。

　　認真做自己。

　　培養獨立判斷的能力。

　　做自己的主人。

　　找到你的興趣，好好認真學習。

　　認真做好每一件事，盡好自己的本分。

二、別太在意成敗

　　不要在乎分數，要全心沉浸在奮鬥的歷程中。

　　成績不是人生唯一的事，自己跟自己比。

　　希望你有好的EQ，做個快樂感恩的人。

　　人生如馬拉松，跑得快不見得會贏，堅持到最後才是贏家。

　　成功是從失敗中學習，哪裡跌倒，就從哪裡站起來。

　　凡事盡力而為，失敗也沒關係，太陽還是每天在東方升起。

　　放膽去做想做的事，不論成功與否，至少經歷過。

人生有時不完美，不要為了追求完美，而失去快樂的笑容。

遇到逆境挫敗，是另一個學習的開始。

三、珍惜生命的美好

要懂得尊重生命、敬畏大自然，不斷學習成長。

愛自己、愛別人，體驗生命的美好。

做個擁有夢想、不怕挫折的生命勇士。

好成績不代表好品格，品格比學業更重要，態度決定品格。

保持好奇心，不斷探索生命的奧妙。

人生不要比較，要懂得生活，盡力就好。

以我國的狀況而言，不可能所有的高中都叫做北一女、建中，所有的大學都叫做臺灣大學。所以父母師長要及早改變觀念，否則「惡性競爭」或「拒絕學習」的孩子會愈來愈多，形成M型現象。一個極端是功課好的學生壓力更大，卻更可能迷失人生方向。另一極端是考不好的學生產生不必要的自卑，因而無法繼續學習。其實，生命中還有許多比聯考分數更有價值的事情，如中壢國小的媽媽所說：

快樂感恩——才能惜福、謙虛。

堅持到最後——才能增強抗壓力。

從逆境及挫敗中學習——才能真正自我改善及應變。

尊重生命、敬畏大自然——才能領悟生存的意義與價值。

愛自己、愛別人——才能與人和諧共存。

體驗生命的美好——才能知足常樂。

擁有夢想——才能積極進取。

好品格——才能己立立人。

不斷探索——才能日新又新。

懂得生活——才能提升做人的品質。

比聯考狀元更重要的事

德雷莎修女在加爾各達創辦「兒童之家」，牆上寫著「無論如何」（Anyway），其中說：「人都會同情弱者，可是只追隨贏家；但不管怎樣，還是要為弱者奮鬥。」

每到聯考放榜，報紙就會「錦上添花」，報導極少數考進明星高中、一流大學的優秀學生。苦學有成固然值得讚佩，但「幾家歡樂幾家愁」，對於大多數考不上理想學校的學生，教導他們如何處理失敗的負面情緒，更為重要，以免造成長達數年甚至一輩子的危害。王文華「向下開的櫻花」一文（《聯合報》2009.03.19副刊），就很「值得」與學生及家長分享。

> 考試的滿分，跟學習的滿分、工作的滿分、人生的滿分，是完全不同的事情。……學校沒教滿級分不代表一切，而爸媽覺得會考試的兒女一定十項全能，於是期望永無止盡，孩子們永遠無法休養生息。我有四位建中的同學，畢業後二十年內都自殺了。

王文華以最溫柔的文字，想說服父母、師長、學生及整個社會，及早改變教育觀念與成功的標準。因為，聯考放榜後的快樂或傷感只是一時的。考上明星學校就自以為「夠好」而活在虛榮中，沒有重視及培養良好的品德與態度，日後在工作及人生的考試上，反而會重挫。

　　最近一則報紙的頭條新聞──「稅務員勒索名醫」（摘自《聯合報》2009.06.26頭版），就證明了「考試滿分，在工作及人生不一定能滿分。犯案的稅務員是名校財稅系畢業的高材生，也是考場常勝軍（「連過五關」──通過高考財稅、普考、初等稅行、基北北區財稅、稅特三等北區財稅考試）。在國稅局服務時，以查漏稅為由，向某名醫索賄一百五十萬元，收賄款時被當場逮捕。

　　王文華覺得：「我們對菁英的迷信，就是只要某人是名校和名公司，他就可以做好任何事。但事實呢？」王文華覺得菁英墮落的主因是「傲慢」，而傲慢則來自學校、公司、政府、社會給這些人屬於菁英的權力和待遇，以致他們認為自己都不會犯錯。王文華認為，正確的態度應是「謙遜」：

> 不管是不是菁英，櫻花都教我們要謙遜。你可以發光發亮，但不用趾高氣昂。你可以鶴立雞群，但低著頭，別人還是會不顧塞車來看你。你不會永遠是對的，也沒有誰一定要聽你的。三個臭皮匠，思慮絕對會比你周密。

　　即使考得不理想，也不必狹隘的以為「聯考失敗，代表人生失敗」；真正的失敗是不認真學習、自暴自棄。例如當選「十大傑出青年」的重殘人士劉銘說：「我是三流的身體住著一流的靈魂，好過一流的身體卻住著三流的靈魂。」如果「考壞了」就憂鬱、沮喪，之後不認真學習，又把「學不會」的責任推給所謂「三流學校」，就是浪費自己的天份與寶貴光陰。

　　如今媒體已開始報導一些身心障礙學生奮勇向學的故事，或報導一些放棄明星高中而選擇社區高中高職的學生。希望媒體能更進步，

　　下次聯考放榜時，不再追逐明星學校的分數及聯考狀元的讀書訣竅，而多報導為何選擇及如何選擇校系，才能找到最適合自己的學習方向，使更多人發揮所長、快樂學習。多報導具有「教育理想」的好學校，以及那些能鼓勵學生「活出自我」的好老師。讓每一個學生都能「找到興趣，認真學習」，肯定「自己是獨一無二的」，並沒有所謂的「三流學校」或「三流學生」。

　　許多生活技能比學科知識更為重要，更需要徹底學會，如：身體健康、心理健康、情緒管理、生涯規劃、謀職準備、藝術欣賞、休閒活動、人際相處、獨立思考、學習態度、敬業態度、創意、口語表達……。父母師長唯有建立正確的價值觀，才不會盲目的強迫孩子，將寶貴的時間心力只投注在「聯考科目」上。結果卻犧牲了孩子的身心健康、笑容、休閒、朋友、夢想，甚至否定了他獨特的價值。

參考書目

王萍訪問（1992）。賈馥茗先生訪問記錄。中央研究院近代史研究所。

王淑俐（2008）。快！別再錯過—好父母的12堂課。臺北市：心理。

王淑俐專訪（2007a）。賈馥茗教授言談集之一──「國中階段」的教學重點與困難，臺灣教育雙月刊，644，2-6。

王淑俐專訪（2007b）。賈馥茗教授言談集之三──不要再「拿著金飯碗討飯吃」了──從《禮記學記篇》體驗教育的方法，臺灣教育雙月刊，646，28-32。

王維玲（2010年12月16日）。好老師關懷，蔡佳緯拿22證照。聯合報，AA4版。

白豐碩譯（2010）。Alberti E. R. & Emmons M. L.原著。自信的力量──自信表達技巧，完整的步驟和方法的典範。臺中市：晨星。

吳文良（2006年9月5日）。學生愛做她腿上說心事。聯合報，C1版。

李欣岳（2011）。眼利、心細、嘴甜，永遠錯不了。Cheers──快樂工作人雜誌，125期，2月號。

李政達（2010年3月31日）。鼓勇氣罵學生：我被學生當。聯合報，A15版。

林紳旭（2008年6月4日）。老師罵窮學生米蟲？和平國中：溝通出問題。中央社。

邱天助（2009年11月12日）。大學之道，墮落養成所？聯合報，A15版。

亮軒（2005年5月20日）。反書族。聯合報，E7版。

徐藝華（2011）。不行，我必須做改變。師友，525，頁98-103。

陳招池（2011年2月11日）。獎勵良師，激發服務熱忱。聯合報，A27版。

張美惠（2011）。你的桶子有多滿？Tom Rath、Donald O. Clifton原著。臺北市：商業周刊。

張錦弘（2007年12月10日）。學者：數學補到第一？犧牲閱讀更糟。聯

合報，C3版。

莊玲（2010年3月25日）。當怪獸家長，不是我願意。聯合報，A19版。

國際中心/法新社東京23日電（2010年3月24日）。怪獸家長騷擾，日老師被逼自焚。聯合報，A14版。

黃旭田（2009）。教師輔導管理的法律基礎。載於民間司法改革基金會。老師你也可以這樣做──校園法律實務與理念（三版）。臺北市：五南。

黃昭彬（2010年3月25日）。怪獸家長，把孩子便自大狂。聯合報，A19版。

黃福其、李光儀（2007年12月6日）。永和國中數學段考，難倒老師。聯合報，C2版。

幾米（2008）。我的錯都是大人的錯（Don't blame me, it's not my fault）。臺北市：大塊。

賈寶楠（2010年7月9日）。老師開小發財，書香宅急便。聯合報，A6版。

賈馥茗（2007）。融通的教育方法。臺北市：五南。

裘尚芬譯（2005）。Conable, B.原著。歌唱家的氣息維他命。桃園市：原笙國際。

劉星君（2010年7月29日）。高鳳新校長，和學生一起住。聯合報，AA4版。

諶攸文譯（2004）。隆‧克拉克原著。優秀是教出來的。臺北市：雅言。

諶攸文、侯秀琴譯（2007）。隆‧克拉克原著。人格特質最重要。臺北市：雅言。

薛荷玉、鄭語謙（2011年2月10日）。老師工作哪些，教部給個規範吧。聯合報，A6版。

鄭語謙（2011年2月10日）。師羞辱家長，立委控校方包庇。聯合報，A12版。

國家圖書館出版品預行編目資料

開始自豪，當老師／王淑俐著.
--初版.—臺北市：五南，2011.07
　面；　公分
ISBN 978-957-11-6303-1（平裝）
1.教育 2.文集
520.7　　　　　　　100010325

1IVL

開始自豪，當老師

作　　　者 — 王淑俐（16.2）

發 行 人 — 楊榮川

總 編 輯 — 王翠華

主　　編 — 陳念祖

責任編輯 — 李敏華

封面設計 — 童安安

出 版 者 — 五南圖書出版股份有限公司

地　　　址：106台北市大安區和平東路二段339號4樓

電　　　話：(02)2705-5066　傳　　真：(02)2706-6100

網　　　址：http://www.wunan.com.tw

電子郵件：wunan@wunan.com.tw

劃撥帳號：01068953

戶　　　名：五南圖書出版股份有限公司

法律顧問　林勝安律師事務所　林勝安律師

出版日期　2011年 7 月初版一刷
　　　　　2015年 9 月初版二刷

定　　　價　新臺幣300元